AF618637

Kohlhammer

Brennpunkt Politik

Herausgegeben von Dr. Martin Große-Hüttmann, Dr. Anna Meine, Prof. Dr. Gisela Riescher, Prof. Dr. Reinhold Weber

Eine Übersicht aller lieferbaren und im Buchhandel angekündigten Bände der Reihe finden Sie unter:

https://shop.kohlhammer.de/brennpunkt-politik

Die Autor:innen

Prof. Dr. Gert Pickel lehrt Religionssoziologie an der Universität Leipzig. Er ist stellvertretender Sprecher des Kompetenzzentrums für Rechtsextremismus- und Demokratieforschung, Co-Leiter des Leipziger Standortes des Forschungsinstitutes Gesellschaftlicher Zusammenhalt und Mitbegründer des Arbeitskreises Demokratieforschung in der Deutschen Vereinigung für Politikwissenschaft.

Prof. Dr. Susanne Pickel lehrt Vergleichende Politikwissenschaft an der Universität Duisburg-Essen. Sie ist Konsortialleiterin des BMBF-Verbundprojektes »Radikaler Islam – Radikaler Antiislam« (RIRA). Ihre zentralen Forschungsthemen sind Fragen nach der Messbarkeit von Demokratie, dem Demokratieverständnis und der politischen Kulturforschung.

Gert Pickel/Susanne Pickel

Die Bürger in der Demokratie

Verlag W. Kohlhammer

Dieses Werk einschließlich aller seiner Teile ist urheberrechtlich geschützt. Jede Verwendung außerhalb der engen Grenzen des Urheberrechts ist ohne Zustimmung des Verlags unzulässig und strafbar. Das gilt insbesondere für Vervielfältigungen, Übersetzungen, Mikroverfilmungen und für die Einspeicherung und Verarbeitung in elektronischen Systemen.

Die Wiedergabe von Warenbezeichnungen, Handelsnamen und sonstigen Kennzeichen in diesem Buch berechtigt nicht zu der Annahme, dass diese von jedermann frei benutzt werden dürfen. Vielmehr kann es sich auch dann um eingetragene Warenzeichen oder sonstige geschützte Kennzeichen handeln, wenn sie nicht eigens als solche gekennzeichnet sind.

Dieses Werk enthält Hinweise/Links zu externen Websites Dritter, auf deren Inhalt der Verlag keinen Einfluss hat und die der Haftung der jeweiligen Seitenanbieter oder -betreiber unterliegen. Zum Zeitpunkt der Verlinkung wurden die externen Websites auf mögliche Rechtsverstöße überprüft und dabei keine Rechtsverletzung festgestellt. Ohne konkrete Hinweise auf eine solche Rechtsverletzung ist eine permanente inhaltliche Kontrolle der verlinkten Seiten nicht zumutbar. Sollten jedoch Rechtsverletzungen bekannt werden, werden die betroffenen externen Links soweit möglich unverzüglich entfernt.

Umschlagabbildung: Kapitell der Nikolaisäule (nach dem Entwurf von Andreas Stötzner, realisiert von Markus Gläser). Die Säule vor der Leipziger Nikolaikirche erinnert an die friedliche Revolution im Herbst 1989 (Foto: Susanne Pickel).

1. Auflage 2023

Alle Rechte vorbehalten
© W. Kohlhammer GmbH, Stuttgart
Gesamtherstellung: W. Kohlhammer GmbH, Stuttgart

Print:
ISBN 978-3-17-040960-6

E-Book-Formate:
pdf: ISBN 978-3-17-040961-3
epub: ISBN 978-3-17-040962-0

Inhaltsverzeichnis

1 Einleitung: Die Bürger:innen in der Demokratie

Eine Demokratie ohne Bürger:innen[1] ist keine Demokratie. Mit diesem Satz allein kann man deutlich machen, warum den Bürger:innen in einer Demokratie so viel Bedeutung zukommt. Die Demokratie als Staatsform baut nicht nur zentral auf die Vertretung des Volkes und seiner Bürger:innen auf, sondern unterscheidet sich genau durch diese Zuweisung der Entscheidungskraft an die Bürger:innen von anderen Staatsformen. Doch gerade diese Unterscheidung wurde in den letzten Jahrzehnten teilweise verwischt, ignoriert oder die Grenzen wurden verschoben. Dies kumulierte in der Aussage Wladimir Putins, der auch Russland als Demokratie, aber eben als »gelenkte Demokratie«, bezeichnete. Manch andere:r Politiker:in, wie zum Beispiel Victor Orban, nahm solche Überlegungen im Konzept seiner »illiberalen Demokratie« gerne auf. Demokratie bedeutet Freiheit, politische Gleichheit und politische Kontrolle und ein Selbstbestimmungsrecht der Völker – und in der Realität auch, dass Demokratien gegeneinander keine Kriege führen. Man gesteht den anderen Staaten zu, was man selbst anstrebt: Eine freie Wahl der Bündnisse, denen man sich anschließt, und das Streben nach einem Leben in Frieden und Wohlstand. Wie wenig die Vorstellungen Putins mit Demokratie zu tun haben, zeigt sich jetzt in der Vehemenz eines Angriffskrieges. Aber bereits die Einschränkung der Pressefreiheit, der Fairness von Wahlen oder freier Tätigkeit von zivilgesellschaftlichen Organisationen machen eine Entfernung von der

1 Das vorliegende Buch ist konsequent unter Einbezug aller Geschlechtsidentitäten geschrieben. Dies wird durch die Nutzung des Doppelpunktes zum Ausdruck gebracht. Werden gezielt männlich oder weibliche Formen verwendet, ist dies explizit begründet.

Idee und auch der Realität einer Demokratie sichtbar – nicht nur in Russland und Ungarn.

Auffällig ist in allen diesen Fällen, dass nicht nur die Demokratien, sondern auch hybride Regime, selbst Autokratien, einen beachtlichen Aufwand treiben, um sich der Zustimmung und Anerkennung durch die Bürger:innen zu versichern – sei es die Kontrolle der Presse, sei es eine ausgebaute Propagandaabteilung oder die Selbstinszenierung als diejenigen, die »das Volk« retten. Nun ist in der Regel die Zustimmung der Bürger:innen preisgünstiger als Repression. Da lohnt sich also ein Investment. Aber es wird auch deutlich: Selbst in autoritären Regimen, kommt der Legitimität der Regierenden durch die Zustimmung der Bevölkerung große Bedeutung zu (G. Pickel 2015). Dies trifft natürlich in noch stärkerem Maße auf Demokratien zu. Um zu überleben, ist es für sie notwendig, die grundsätzliche Zustimmung der Bürger:innen zu erhalten. Die politische Kultur, also die gesammelten Einstellungen der Bürger:innen, sollte sich nicht zu stark von der etablierten politischen Struktur unterscheiden. Ist dies der Fall, besteht das Risiko eines Regime- oder gar Systemwandels. Deshalb ist es wichtig zu wissen, was Bürger:innen unter Demokratie verstehen und inwieweit sie bereit sind, sich für die Demokratie zu engagieren. Dies umfasst politische Partizipation genauso wie zivilgesellschaftliches Engagement.

Nun ist selbst in liberalen Demokratien die Freiheit der Bürger:innen, sich zu engagieren, nie ganz unbeschränkt. Einerseits wird eine Beteiligung erwartet – von »der Politik«, aber auch die Bürger:innen untereinander erwarten, dass sich ihre Mitbürger:innen in politischen Prozessen engagieren. Gleichzeitig sind sie natürlich auch Entscheidungen der Regierung unterworfen. Mit den Mechanismen, mit denen in repräsentativen Demokratien die Macht des Volkssouveräns an die Volksvertreter:innen delegiert wird, sind viele Bürger:innen wiederum unzufrieden. Deshalb werden deliberative Verfahren diskutiert und eine Erweiterung der Bürgerbeteiligung eingefordert. Damit verbunden ist bei vielen Bürger:innen auch der Wunsch nach einem anderen Verständnis von Demokratie, nicht mehr nur im Sinne von Wahlen und Weitergabe der Macht, sondern im Sinne von eigener Gestaltung durch die Bürger:innen. Einen Wunsch nach Veränderung haben freilich nicht nur Bürger:innen, die ein mehr an Beteiligung und Demokratie fordern, sondern auch Personengruppen, die einen fundamentalen Wandel des politischen Systems herbeisehnen. So kann die Debatte um eine mögliche »Postdemokratie« (Crouch 2000) nicht nur in einer stärkeren Kontrolle der Regierenden durch die Bürger:innen und einer stärkeren Beteiligung münden, sondern auch in der Durchsetzung von rechtsextremen und rechtspopulistischen Kräften.[2] Vehikel hierzu ist die Aktivierung bestehender Vorurteile in der Bevölkerung, die immer wieder in rassistische Diskriminierung bis offenen Rassismus mündet.

All diese Punkte werden im vorliegenden Buch behandelt. Das Buch ist konzipiert als kompaktes Basiswerk für verschiedene Lehrveranstaltungen, die sich mit Demokratie im Allgemeinen und mit Problemen von Demokratien im Besonderen auseinandersetzen. Konzeptionell schließt es an die grundlegenden Überlegungen zur institutionellen Konzeption und zur Messung von Demokratie in unserem Anfang 2022 in *Brennpunkt Politik* erschienenen Buch *Demokratie* an und erweitert dessen Argumentation nun um die Prozesse und die Bedeutung der Bürger:innen. Zielpublikum sind insbesondere Bachelor-Studierende der Politikwissenschaft sowie Lehramtsstudierende, speziell in den Gebieten Politisches System der Bundesrepublik Deutschland und in der Vergleichenden Politikwissenschaft. Sie soll es in die Lage versetzen, eigenständig Fragestellungen zum Thema Demokratie erarbeiten und bearbeiten zu können. Wir danken den vielen Studierenden der letzten Jahrzehnte, die uns in Lehrveranstaltungen an der Universität Leipzig und der Universität Duisburg-Essen nützliche Hinweise und Erkenntnisse hinsichtlich der Gestaltung und Darstellung dieses Buches gegeben haben, sei es beabsichtigt oder unbeabsichtigt.

2 Wobei die Frage hier offen bleibt, ob es sich bei Rechtsextremismus und Rechtspopulismus nicht nur Varianten einer extrem rechten Positionierung handelt (Mudde 2019).

2 Die Genese der Demokratie

2.1 Bürger:innen in den Anfängen demokratischen Denkens

Unzweifelhaft liegt der Ausgangspunkt der Auseinandersetzung mit Demokratie und der Ursprung einer mit Rechten und Pflichten ausgestatteten Bürgerschaft in der Antike. Nach ersten Nennungen bei Herodot können Platon und Aristoteles als die Urväter der Auseinandersetzung mit der Demokratie als Staatsform angesehen werden. *Demokratia* war im Denken der antiken Griechen allerdings *eine* Staatsverfassung unter mehreren möglichen (Schmidt 2019: 2). Vor allem zeichnete sie sich durch ein Mehr an Beteiligung und Macht der Untertanen im Staatsgebilde aus, welches den Weg zum Verständnis als Bürger öffnete. Die *Demokratia* wies in Athen dem Volk (*demos*) die direkte und unmittelbar auszuübende Macht (*kratos*) und das Recht der Gesetzgebung in der Polis zu (Vorländer 2010: 14; auch Brodocz/Schaal 2015). Damit stand sie im Gegensatz z. B. zur hierarchischen Machtverteilung der Monarchie oder Diktatur. Vor allem waren es Volksversammlungen, die dem *demos* Einfluss auf den Staat ermöglichten. Aber auch die Vergabe wichtiger Ämter im Staat erfolgt durch ausgewählte Vertreter des Volkes. Gelegentlich kam auch das Los zum Zug, um Volksvertreter auszuwählen und Ämter zu besetzen, womit Patronage und Vetternwirtschaft am besten verhindert werden konnten.

Allerdings darf man die Beteiligung im antiken Griechenland auch nicht zu inklusiv denken. So war sehr genau festgelegt, wer mitbestimmen durfte. Der Status des »Bürgers« beruhte nicht nur auf dem Wohnsitz oder der Zugehörigkeit zur attischen Stadtgesellschaft sowie auf dem Zufall, ein Mann zu sein, sondern vor allem auf hinreichenden finanziellen Möglichkeiten:

> »[D]er beste Staat wird den Handwerker nicht zum Bürger machen. Falls aber auch dieser Bürger ist, dann muss man sagen, dass die herausragende Qualität der Bürger, wie wir sie bestimmt haben, nicht jeder Bürger besitzt, und nicht einmal einer, der (lediglich den Vorzug hat,) frei geboren zu sein, sondern nur diejenigen, die von der Ausübung lebensnotwendiger Arbeiten befreit sind. Unter ihnen sind diejenigen Sklaven, die mit solchen notwendigen Tätigkeiten einem einzigen Herrn dienen, dagegen diejenigen, die der Allgemeinheit zu Diensten stehen, Handwerker und Tagelöhner. […] Da es eine größere Anzahl von Verfassungen gibt, muss es auch mehrere Arten des Bürgers geben und besonders des regierenden Bürgers; daher sind in einer bestimmten Verfassung Handwerker und Tagelöhner notwendigerweise Bürger, in anderen ist das jedoche ausgeschlossen, z. B. wenn eine in Kraft ist, die man aristokatisch bezeichnet, in der die politischen Ämter nach persönlich herausragender Qualität und aufgrund eines bestimmten Vorzuges verliehen werden (Aristoteles 2020: 93).

Die Beteiligung an staatlichen Belangen war also stark reglementiert. Zudem konnten Krisenzeiten die Beteiligung des *demos* schnell beenden. In Kriegen z. B. wurde schon mal auf eine Oligarchie oder die autokratische Form einer Tyrannis umgeschwenkt. Zwar sollten diese kurzfristig notwendigen Herrschaftsformen nach Ende der Krisen wieder in eine Demokratie – oder noch besser in eine Politie – zurückgeführt werden, doch das gelang nicht immer. Trotz all dieser Einschränkungen stand die attische Demokratie der räumlich nicht weit von ihr entfernten Militärdiktatur (oder auch Tyrannis) Spartas als Mitbestimmungsmodell diametral gegenüber. Der Ruf der Staatsform Demokratie war allerdings damals nicht der Beste. Teilweise wurde sie als eine Degeneration der Herrschaft, teilweise als Herrschaft des ungebildeten Pöbels angesehen. Das Argument war, dass die Demokratie nicht die dafür qualifizierten Intellektuellen und Denker, sondern den unwissenden Plebs an die Macht brächten.

Das Wunschbild der griechischen Philosophen war die Politie (*politeia*). *Platon* (428–348 v. Chr.) sah diese als Idealbild einer gemeinwohlorientierten Staatsform. Sie stellt die Gerechtigkeit einer natürlichen Ordnung, welche die natürliche Ungleichheit der Menschen berücksichtige, einer auf (durch Unwissenheit getragenen) Mehrheitsentscheidung und einem vollständigen Gleichheitsideal gegenüber. »An deren Spitze stehen für Platon die (weisen) Herrscher bzw. Regenten, gefolgt von den (tapferen) Wachen bzw. Soldaten und schließlich (besonnenen) Handwerkern« (Salzborn 2012: 21). Platons Leitbild waren die »guten« Philosophenherrscher:innen, die dem unfähigen, vom Volk gewählten Herrscher entgegengestellt werden mussten. Platon entwickelte konsequent eine Verfallstheorie der Herrschaftsformen bzw. in seiner Sprache: der Verfassungen (▶ Abb. 2.1). Sie entwickeln sich von der »guten« Aristokratie (Herrschaft der Tüchtigsten) zu einer durch Korruption geprägten Timokratie (Herrschaft der Reichen), die wiederum eine Oligarchie (Herrschaft der Wenigen) hervorbringt. Die in der Oligarchie stattfindende Zuspitzung der sozialen Verhältnisse zwischen immer reicher werdenden Reichen und weiter verarmenden Gesellschaftsgruppen führt schließlich zu Aufstand und Rebellion, welche die Demokratie hervorbringen. Der Demokratie fehlt aus Platons Sicht aufgrund der nun ausbrechenden Egoismen der Bürger jegliche Funktionstüchtigkeit. Sie zerfällt, um Platz für die Tyrannis zu machen. Der Tyrann wird sogar von den Bürger selbst zur Beseitigung des Chaos gerufen, das die Demokratie angerichtet hat. Idealerweise öffnet er über die Wiederherstellung von Ruhe und Ordnung den Weg zurück in die dem Gemeinwesen angemessene Aristokratie (auch Salzborn 2012: 21).

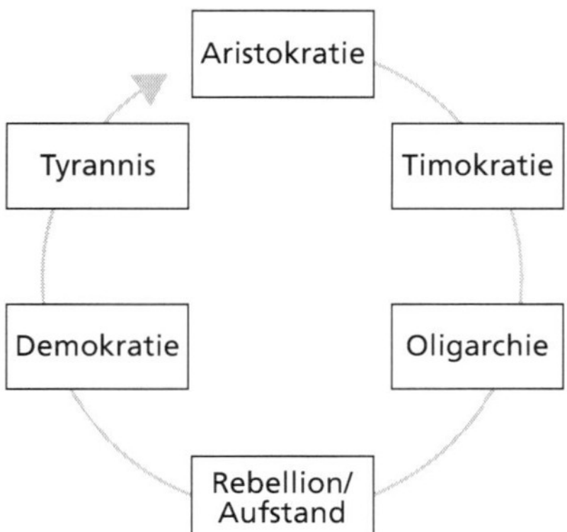

Abb. 2.1: Kreislauf der Herrschaftsformen bei Platon (Quelle: eigene Darstellung).

An diese Überlegungen schließt *Aristoteles* (384–322 v. Chr.) mit einer Mischung aus normativer und empirischer Analyse an. Auch er sieht die Gesellschaftsordnung als ständische Ordnung, in der – quasi gottgegeben – soziale Unterschiede und soziale Ungleichheit existieren. Und individuelle Freiheit gilt nur im Recht, sich der Gemeinschaft – für ihn: dem »gemeinsamen Haus« – anzuschließen. Anders als Platon hat Aristoteles allerdings ein positiveres Menschenbild. Er sieht den Menschen als *zoon politikon*, als zutiefst politisches Wesen, das in seiner ganzen Natur auf die Gemeinschaft und ihre Organisation bezogen ist. Anschließend an die Überlegungen Platons, konstruiert auch Aristoteles eine Lehre von Verfassungen bzw. Herrschaftsformen entlang des Nutzens der Herrschaft und der Beteiligung an der Herrschaft (Münkler/Straßenberger 2016: 93–94). Die Demokratie bezeichnete Aristoteles in seiner sogenannten ersten Staatsformenlehre als verfehlte Variante der Beteiligung Vieler (Schmidt 2019: 15–17). Sie zählt wie die Oligarchie und die Tyrannis zu den schlechten Verfassungen. Ihr steht das schon erwähnte Idealbild einer (guten) Verfassung, die *Politie* gegenüber (▶ Tab. 2.1). Sie gewährleistet aus seiner Sicht am ehesten eine tragfähige, stabile Staatsstruktur und die Absicherung individueller Rechte in der Bürgerschaft. Wenn nicht die Vernünftigsten, sondern die Vertreter der Armen und Vielen an die Macht kommen, bestünden zumindest zwei Probleme: Zum einen regiere nun der Eigennutz derjenigen, welche die Macht an sich reißen können, gegenüber dem Eintreten für das Gemeinwohl, zum anderen litten die Tüchtigen und Wohlhabenden unter der »Willkürherrschaft« der Armen (Aristoteles 2012: 99). Die begrenzte Akzeptanz von Aristoteles für diese Staatsverfassung beruht auch auf dem Verständnis, dass die Tüchtigen keine Benachteiligung erfahren sollten.

Sowohl bei Platon als auch bei Aristoteles findet sich ein ständisches Denken, das den Zugang zu den »vollständigen Bürgerrechten« auf eine kleine Gruppe an attischen Männern begrenzt. Nicht alle Menschen sind eben Bürger. So traute Aristoteles die intellektuelle Aufgabe der Staatsführung nur wenigen Intellektuellen zu. Da selbst zu guten Zeiten in Athen kaum mehr als 30.000 (freie) Bürger existierten (Frauen, Sklaven, Unfreie und andere Bevölkerungsgruppen waren vom Mitbestimmungsrecht ausgeschlossen), handelte es sich in der attischen Demokra-

Tab. 2.1: Herrschafts- oder Verfassungsformenlehre des Aristoteles

Herrschaft …	**… zum Nutzen aller (Altruismus und Gemeinwohl)**	**… zum Nutzen des Herrschers (Egoismus und Eigennutz)**
… des einen	Monarchie	Tyrannis
… der wenigen	Aristokratie	Oligarchie
… vieler/aller	Politie	Demokratie
Normative Einordnung	Gute Verfassung	Schlechte Verfassung

Quelle: Salzborn 2012: 23; Original Gallus 2007: 26; vgl. auch Schmidt 2019: 16.

tie immer um eine überschaubare Größe an der Herrschaft Teilhabenden.

Wenn man hier den Blick auf die Bürger:innen im heutigen Sinne lenkt, dann sind die meisten nicht aktiv im Staatssystem beteiligt. Die in der attischen Demokratie existierenden Ausschlussregeln gegenüber Minderheiten und sozialen Gruppen sind mit einem modernen Verständnis von Beteiligung und von Gleichheit nicht vereinbar. Gleichwohl interessant ist das bereits in diesen Überlegungen aufkommende Interesse an der Beteiligung der Bürger:innen und die Identifikation von Ungleichheit zwischen den Bürger:innen.

2.2 Notwendigkeit zum Vertrag: Die Aufwertung der Bürger:innen im Staat

Löste man in der attischen Demokratie dieses Problemgemenge noch durch eine Mischung aus begründeten Selektionsmechanismen und Herrschaftseffizienz, wurde die Frage nach Legitimation und *Legitimität* der Herrschaft in der Folgezeit vielschichtiger, selbst wenn man dies vielleicht mit Blick auf Machiavellis (1469–1527) wichtiges Werk *Il Prin-*

cipe nicht im ersten Moment glauben mag. Aber selbst dieser quasi absolutistische ›Fürst‹ gewinnt seine Legitimität durch die Gunst der Bürger:innen und nicht durch eine imaginäre Auswahl durch einen fernen und allmächtigen Gott. Hierfür von entscheidender Bedeutung ist das Menschenbild Machiavellis: Aus seiner Sicht sind die Menschen weder ein *zoon politikon* noch grundsätzlich mit guten Absichten gesegnet, sondern handeln in der Regel nutzenorientiert: Sie sind im heutigen Sprachgebrauch Nutzenmaximierer. Da der Nutzen von Person zu Person oder von Untertan zu Untertan anders gedeutet wird, steht Konflikt und die Auseinandersetzung und nicht der harmonische Zusammenhalt des Staates im Zentrum von Machiavellis Analyse des politischen Geschehens. Da undisziplinierte Bürger naturgemäß einen instabilen Staat nach sich ziehen, müssen sie vom Fürst diszipliniert werden: Nur er kann die Stabilität des Staatengebildes garantieren. Um die unterschiedlichen Interessen der Bürger zu kanalisieren, bedarf es aber etwas Geschick. Der Fürst und damit der Staat wird zum Organisator der Plätze der Auseinandersetzung. So kann er Machtkonkurrenzen gegeneinander ausspielen. Trotz dieser Orientierung auf einen leitenden Herrscher schenkte Machiavelli erstmals der Legitimität des Fürsten, über das Volk zu herrschen, größere Beachtung. Vor allem vermutete er bei den Bürger:innen eine hohe Durchsetzungsfähigkeit, die ein Herrscher durchaus zu fürchten hat. Entsprechend muss er vorsorgen und sich um die Lenkung der verschiedenen Interessengruppen kümmern. Er kann seine Untertan:innen also nicht ignorieren.

Und tatsächlich sahen sich in der Folgezeit die aufgrund traditionaler oder gottgegebener Legitimität Herrschenden Bewegungen in der Bürgerschaft gegenüber. Diese forderten über die Zeit zunehmend Mitsprache und die Gewährung von Rechten. Zudem gewann das schon in der ständischen Gesellschaftsordnung angelegte Prinzip der *Repräsentation* als praktische und einfacher handzuhabende Alternative zur direkten Demokratie an Zuspruch und entwickelte sich zu einer Alternative, die man nicht einfach als zu unpraktisch zurückweisen konnte. Können schon nicht alle an der Herrschaftsausübung direkt mitwirken, dann sollen es wenigstens vertrauenswürdige Vertreter:innen der Bürgerschaft sein, welche die Herrschaft ausüben (am besten nach festgelegten Regeln) oder daran beteiligt sind.

Neben der Legitimität war die *Nationalstaatenbildung* von großer Bedeutung für die Entwicklung der Demokratie. Sie brachte neben einer Abgrenzung von Territorien das *Gefühl nationaler Zusammengehörigkeit* unter den Bürger:innen hervor. Dieses wurde begleitet von dem Gefühl einer Verantwortung der Bürger:innen für diese gemeinsamen Konstrukte – den Staat oder die Nation. So stellt diese nationalistische Bindung den Ausgangspunkt für das Entstehen *politischer Gemeinschaften* dar, führte allerdings gleichzeitig zu Gefühlen der Abgrenzung gegenüber anderen Nationen und deren Bürger:innen.

In der Neuzeit konzentrierte man sich verstärkt auf die Regelung des Verhältnisses zwischen den Bürgern und dem Staat sowie den Herrschenden. Die Herrschaft wurde nicht mehr als gottgegeben oder biologisch vererbt angesehen, sondern als etwas, was zwischen Bürgern und Herrschenden durch Vereinbarungen mit unterschiedlichen Rechten und Pflichten geregelt werden. John Locke, Thomas Hobbes und Jean-Jacques Rousseau, die drei großen Vertragstheoretiker, sind als die »politischen Schlüsseldenker« (Salzborn 2012: 30) der neuzeitlichen Demokratie anzusehen. In ihrem Bild des Menschen als vernunftbegabtem Wesen folgten sie den Überlegungen der Aufklärung und etablierten den Vorrang einer säkular zu legitimierenden politischen Struktur gegenüber einer aus Tradition oder Gotterwähltheit legitimierten politischen Struktur. Den Vertragstheoretikern nach sollte die einzig gültige Legitimation auf der Zustimmung der Herrschaftsunterworfenen beruhen. Dabei schwankte das Menschenbild zwischen verschiedenen Theoretikern von mündigen Bürger:innen bis zum Menschen als »des Menschen Wolf« von *Thomas Hobbes* (1588–1679). Letzterer sah Menschen allein am eigenen Überleben und Nutzen orientiert. Ein »Naturzustand«, in dem jedes Subjekt eine Vielfalt an Rechten, aber keine Einschränkungen habe, könne – so Hobbes – nur im Chaos, einem »Krieg aller gegen alle« (*bellum omnium contra omnes*) enden. Um diesen »Krieg« zu vermeiden und das Zusammenleben zu regeln, bedarf es aus Sicht eines vernunftbegabten Menschen eines Gesellschaftsvertrags, der zwar die universale Freiheit des Individuums beendet, ihn aber gleichzeitig vor Freiheitsverlust oder gar dem Tod durch die Hand des Anderen schützt. Entsprechend übertragen die Bürger freiwillig u. a. ihr Selbstbestimmungsrecht auf einen Souverän. Bei Hobbes besitzt der Souverän allerdings geradezu gottgleiche Macht, er wird zum *Leviathan*.[3] Diese nutzt er aber zum Schutz seiner Untertanen vor den Übergriffen anderer. Der zwischen Leviathan und den Untertanen geschlossene Vertrag wird als unkündbar angesehen, was eine berechtigte Auflehnung gegen den Leviathan ausschließt. Gleichwohl bleibt der Leviathan seinen Untertanen gegenüber begründungspflichtig, im Gegenzug unterwerfen sie sich seiner autoritären Führung.

Auch *John Locke* (1632–1704) geht von einem Naturzustand aus, nur ist dieser weit friedlicher als der bei Hobbes. Sein Menschenbild sieht den vernünftigen Menschen als weitgehend friedfertigen Menschen. Grund für einen Vertragsabschluss ist die Sicherung des Eigentums. Hierfür ist eine klar definierte und durch eine Obrigkeit exekutierte Rechtsprechung vonnöten. Dieses Recht wie auch die Herrschenden sind an Grundsätze der Gleichheit der Menschen gebunden. Bemerkenswert: Anders als Hobbes gesteht Locke den Herrschaftsunterworfenen das Recht auf Widerstand zu, wenn die Herrschaft die im Vertrag zugewiesenen Aufgaben nicht erfüllt. Z. B. wenn Gleichheitsrechte und Eigentumsrechte durch den Staat gefährdet werden. Persönliche Freiheit, Gleichheit und Unverletzlichkeit von Person und Eigentum sind für ihn die zentralen zu bewahrenden Rechtsgüter.[4] Gerade der Bezug auf die persönliche Freiheit führt dazu, Locke als einen der zentralen Vordenker des Liberalismus einzuschätzen.

Auch *Jean-Jacques Rousseau* (1712–1778) sieht das Eigentum als wichtigen Aspekt der Staatsbildung, allerdings mit einer negativen Note versehen. Seiner Meinung nach steckt im Eigentum der Ausgangspunkt vielerlei Übel, bedingt es doch Konkurrenz und soziale Ungleichheit. Der ursprünglich frei geborene Mensch wird durch das Eigentum wieder »in Ketten gelegt« (Vorländer 2010: 56). Um soziale Ungleichheit und Ungerechtigkeit zu unterbinden, bedarf es eines *contrat social*, der eine politische Gemeinschaft und staatliche Organisation schafft, die im Dienste des Volkes steht und den einzelnen Bürger:innen eine gleichbe-

3 In der Arbeit von Hobbes sind vielfältige Anleihen an das Alte Testament aufzufinden. So auch bei der Bezeichnung Leviathan, ein kosmisches Seeungeheuer.

4 Dabei greift er in seiner Argumentationsfigur auf Texte aus der Bibel und Überlegungen des Protestantismus zurück, die er aufgeklärt wendet.

rechtigte Partizipationschance zugesteht. Anders als bei Hobbes wird die Herrschaftsgewalt nicht einfach abgegeben, sondern sie verbleibt beim Volk. Damit kommt dem Gemeinwillen des Volkes, der *volonté général*, die höchste Legitimität für die Herrschaftsausübung und in der Beanspruchung von Gehorsam zu. Der Souverän – das Volk – kann in seinen Entscheidungen laut Rousseau nicht falsch liegen. Dieses *Primat der Selbstgesetzgebung des Volkes* birgt aber ein Risiko: die Überhöhung des Gemeinwillens. So werden die Rechte des Einzelnen den Vorgaben des Kollektivs unterstellt, und es kann sich eine »Tyrannei des Gemeinwillens« (Vorländer 2010: 57) entwickeln. Wie bei allen besprochenen politischen Philosophen gilt es zu ihrem Verständnis, das soziale und gesellschaftliche Umfeld ihrer Ideen zu berücksichtigen. Nicht, dass sie deswegen an Relevanz auch für heute verlieren, nur gibt es einem den Einblick in den wichtigen Entstehungskontext. Bei Rousseau ist es die Erfahrung der über Gott und Abstammung legitimierten absolutistischen Monarchie und deren Unterdrückungsmaßnahmen. Ihnen will Rousseaus einen »besseren« Staat entgegensetzen.

Letztlich können die Vertragstheoretiker als diejenigen angesehen werden, welche die Legitimation der Herrschaft durch das Volk und die Mitwirkung der Bürger an der Auswahl der Herrschaft ausarbeiteten. Damit wird ein wichtiger Schritt in Richtung der liberalen, Freiheiten gewährleistenden und sichernden Demokratie vollzogen. Die Konzepte der Vertragstheoretiker enthalten unterschiedliche Vorstellungen von der Einflussnahme der Bürger. Auch werden kollektive Prozesse der Entscheidungsfindung kaum hinsichtlich ihrer konkreten Umsetzung hinterfragt. Gleichwohl ist die Entwicklung zu einer konkreteren Beteiligung der Bürger an der Organisation eines Gemeinsystems erkennbar. Führten die Diskussionen der Vertragstheoretiker zu einer Verschiebung der Legitimation, blieben konkrete Umsetzungen im Gemeinwesen noch weitgehend undurchdacht, sieht man vielleicht einmal von den Gedanken Locks ab. Die teils chaotischen Verhältnisse in der Französischen Revolution können hier als Beispiel dienen. Zuerst ging es um die Ablösung der absoluten Herrschaft und den Zugang der Bürger:innen zur Macht, erst dann um die Frage der Organisation, also darum, wie diese Macht im Sinne der Bürger:innen ausgeübt werden sollte.

Die Aufgabe, solche Verfahrensregeln auszuarbeiten, stellte sich in den Vereinigten Staaten. So sind die ersten großen Bürgerrechtserklärungen dort zu finden. Neben der *Virginia Declaration of Rights* (1776) ist es die amerikanische Unabhängigkeitserklärung (1776), die in Zusammenspiel mit der später verabschiedeten amerikanischen Verfassung (1787) Maßstäbe setzten. Eine zentrale Kontroverse bezog sich auf die Umsetzbarkeit der Mitbestimmung der Bürger. Während eine Seite (die *Anti-Federalists*) auf die Problematik verwies, dass Bürgerbeteiligung nur in Gebieten mit einer begrenzten Größe (auch Jörke 2019) möglich sei, diese also weitgehend unabhängig bleiben müssten, argumentierten die *Federalists* für einen stärkeren Nationalstaat. Dem Argument, es sei kaum möglich, den Volkswillen in einem so großräumigen Gebiet abzubilden, begegneten sie durch das System der *checks and balances*, das bis heute für Massendemokratien bedeutsam ist. In den *Federalist Papers* (1787) wurde ausgehend von einem Menschenbild, in dem man das Konkurrenz- und Gruppendenken (man sprach von *Factionen*) als natürlich ansah, die Idee einer *repräsentativen liberalen Demokratie* entwickelt. Liberal war diese Idee vor allem im Sinne der Wirksamkeit der Stimme der einzelnen Bürger:innen. Die Entscheidungen sollte nicht, wie bei Rousseau, ein teilweise identitär gedachtes Gemeinwesen oder eine Gemeinschaft treffen. Vielmehr sollte ein komplexes System von wechselseitigen Verschränkungen auf der Institutionenebene die Möglichkeit schaffen, der Vielstimmigkeit der Bürger:innen Raum zu geben.

Die Pluralität der Bürgerschaft sollte ihren Ausdruck in der Herrschaft finden, ohne dass das Land unregierbar werde. Diesen Zweck erfüllt aus Sicht der *Federalists* die Bündelung von Bürgerinteressen über die Wahl von Parteien und Abgeordneten. Sollte die Disparität der Interessen der Bürger:innen durch diese Prozesse nicht ausreichend geschützt werden, dann greifen die über Verschränkungen eingeführten Kontrollmechanismen der Gewaltenteilung und schützen die Bürger vor Übergriffen des Staats. Zu diesem Schutz tragen auch starke föderale Rechte sowie die Gewaltenteilung zwischen Legislative, Exekutive und Judikative bei.[5] Deutlich wird in diesen Entwicklungen die Ten-

5 So originär die amerikanische Entwicklung mit Blick auf die moderne repräsentative Demokratie ist, ist sie doch kein Solitär. Auch an anderen Orten finden sich Ent-

denz weg von einer direkten Demokratie hin zu einer repräsentativen Demokratie, die für bevölkerungsreiche Flächenstaaten geeignet ist, eine effektive Regierungsgewalt ermöglicht, gleichzeitig allen Bürger:innen Mitsprache- und Freiheitsrechte sichert und ihre Stellung in der Demokratie herausstellt und präzisiert.

2.3 Fazit – Demokratie als zu organisierende Volksherrschaft

Ein zentraler Ursprung der Demokratie und des Verständisses von Bürger:innen liegt in der griechischen Antike. Dort etablierte sich der Gedanke der Volksherrschaft, wobei die Bewertung der Demokratie hinsichtlich ihrer Tauglichkeit als Staats- und Verfassungsform ambivalent ausfiel. Zeitgenössische Kritiker in Griechenland sahen die Demokratie als vulgär und aufgrund der so initiierten Herrschaft des Plebs als ein chaotisches Herrschaftssystem an. Gleichwohl rückten Gedanken über Beteiligungsrechte, Partizipation und Mitentscheidung der Bürger erstmals in den Blick. Die Zugehörigkeit zur Gruppe der Bürger war allerdings an viele Voraussetzungen gebunden und gewährte nur einer kleinen Zahl an (männlichen) Personen den Zugang zur Mitbestimmung (Marschall 2014).

Beruhte die Demokratie griechischer Prägung auf Formen direkten Beteiligung, rücken seit der Renaissance unterschiedlich akzentuierte Gedanken einer Vertragsgestaltung zwischen Bürgern und Herrschenden in den Fokus. So stellen die herrschaftsunterworfenen Bürger:innen mit zunehmendem Selbstbewusstsein fest, dass die traditionelle, gottgegebene Legitimität Herrschende nicht zwingend zu guten Herrschenden macht.

wicklungen in Richtung einer Beschränkung der Macht des Königs und Eindämmung des Anspruches absoluter Herrschaft. Die *Magna Charta* (1215) in England kann als ein erstes sichtbares Beispiel für solche Bemühungen angesehen werden, die *Bill of Rights* (1689) als eine Vertiefung.

Gedanken eines Vertrages zwischen Herrschenden und Herrschaftsunterworfenen stellen in Aussicht, eine Balance zwischen effektiver Regierung und Regierung für das Gemeinwohl unter bürgerlicher Beteiligung zu erreichen. Beteiligung der Bürger:innen an der Herrschaft und Herrschaftskontrolle wurden zu Zielen im gesellschaftlichen Diskurs. Individuelle Freiheit, Mitbestimmung und Volkssouveränität etablierten sich als Anforderungen an eine politische Herrschaft. So verschob sich die Legitimation von Herrschaft immer stärker weg von Tradition und göttlicher Auserwähltheit hin zur pragmatischen Volksentscheidung.

Diese musste natürlich organisiert werden. So kam es mit der Zeit zu einer weiteren Verschiebung – von der Frage, *ob* Beteiligung der Bürger:innen stattfinden soll, dazu, *wie* sie zu gestalten ist. Während in der Antike Demokratie direkte und unmittelbare Beteiligung der Bürger meinte, erschienen diese Verfahren in Nationalstaaten mit großer Fläche und Bevölkerung ineffektiv. Gleichzeitig variierte das Menschenbild von der Einschätzung guter und am Gemeinwohl interessierter Bürger:innen über Faktionen mit unterschiedlichen Interessenlagen bis hin zu auf Eigennutz ausgerichteten Individuen. Der Übergang zur repräsentativen Demokratie sowie die Einführung institutioneller Mechanismen zum Schutz der Bürger:innen (Kontrollmechanismen, Gewaltenteilung) waren eine späte, aber gewichtige Folge der Demokratieentwicklung. So wurde selbst autoritären Herrscher:innen deutlich, dass es besser ist, die Bürger:innen von sich zu überzeugen. Vor allem der Begriff der *Legitimität* als Anerkennung der Herrschaft seitens der Bürger:innen rückte immer stärker ins Zentrum der Demokratie – und steht dort heute noch.

Weiterführende Literatur

Aristoteles (2020): *Politik*. Übers. und hrsg. von Eckart Schütrumpf. Hamburg: Meiner.

Becker, Michael/Schmidt, Johannes/Zintl, Reinhard (2017): *Politische Philosophie.* Paderborn: Schöningh.

Brodocz, Andre/Schaal, Gary (2015): *Politische Theorien der Gegenwart I.* Opladen: Barbara Budrich (4. Aufl.).

Hobbes, Thomas (2000): *Leviathan oder Stoff, Form und Gewalt eines kirchlichen und bürgerlichen Staates.* Übers. von Walter Euchner, hrsg. von Iring Fetscher. Frankfurt/Main: Suhrkamp.

Locke, John (2000): *Zwei Abhandlungen über die Regierung.* Übers. von Hans Jörn Hoffmann, hrsg. von Walter Euchner. Frankfurt/Main: Suhrkamp.
Münkler, Herfried/Straßenberger, Grit (2016): *Politische Theorie und Ideengeschichte. Eine Einführung.* München: Beck.
Salzborn, Samuel (2012): *Demokratie. Theorien, Formen, Entwicklungen.* Baden-Baden: Nomos.
Schmidt, Manfred (2019): *Demokratietheorien.* Wiesbaden: Springer VS (6. Aufl.).
Schwaabe, Christian (2018): *Politische Theorie. Von Platon bis zur Postmoderne.* Leiden: Brill (4. Aufl.).
Tocqueville, Alexis de (1976): *Über die Demokratie in Amerika.* München: Beck.
Vorländer, Hans (2010): *Demokratie.* München: Beck.

3 Politische Kultur und Legitimität

3.1 Die Erforschung politischer Einstellungen

Die *politische Kulturforschung* bringt das Wissen, die Gefühle und die Bewertungen der Bürger:innen in die Forschung über politische Systeme ein. Die politische Kultur bezeichnet die subjektive Seite von Politik und setzt sich aus den auf politische Objekte ausgerichteten *Einstellungen und Wertorientierungen* der Bürger:innen zusammen. Dabei geht es der politischen Kulturforschung nicht um die Einstellungen des Individuums an sich, sondern um die repräsentativen Überzeugungen des politischen Kollektivs.[6] Ziel der politischen Kulturforschung ist die Erfassung (kultureller) Rahmenbedingungen, welche die *Stabilität* eines (demokratischen) politischen Systems fördern oder gefährden. Der Zusammensetzung des Kollektivs durch Sozialgruppen mit unterschiedlichen Einstellungsmustern kommt dann insoweit Bedeutung zu, wie dies zu Erhalt oder Gefährdung des politischen Systems beitragen kann.

Im Unterschied zu einem normativen oder alltäglichen Verständnis politischer Kultur ist die politikwissenschaftliche politische Kulturforschung von einem *analytischen Verständnis* dieses Begriffs geprägt. Der Kulturbegriff im Sinne von (künstlerischer) Hochkultur wird genauso zurückgewiesen wie ein Verständnis politischer Kultur im Sinne politischer Umgangsformen oder Politikstile. Gleiches trifft auf mit solchen

---

6 Dies schließt nicht aus, dass individuelle Orientierungen für die politische Kulturforschung von Interesse sind, sie werden mit Blick auf spezifische Beziehungsmuster zu anderen Einstellungen oder Umfeldbedingungen untersucht.

Vorstellungen politischer Kultur verbundene Bewertungen politischen Verhaltens zu (Verstoß, Mangel, Verlust usw.). Im Sinne der klassischen politischen Kulturforschung beinhaltet politische Kultur keine Wertung, sondern ist eine *neutrale Bezeichnung* gebündelter Einstellungen der Bürger:innen.[7] Entsprechend besitzt jedes Land eine politische Kultur, aber nicht immer ist diese demokratisch. Zudem stellt sich die Frage, in welchem Verhältnis die politische Kultur zur politischen Struktur – in unserem Falle zur Demokratie – steht.

Die politische Kulturforschung war in ihrer Gründungsphase vornehmlich auf die liberale Demokratie amerikanischer Prägung ausgerichtet (Almond/Verba 1963; Kaase 1983; S. Pickel/G. Pickel 2006; Salzborn 2009). Gegenwärtig befasst sie sich eher mit pluralen Erscheinungsformen politischer Kultur. Hintergrund ist die Annahme, dass nicht nur Demokratien, sondern auch hybride Regime oder Autokratien ohne politische Unterstützung durch die Bürger:innen nicht überlebensfähig sind.

Was ist nun der Kern der politischen Kulturforschung? In Erweiterung der Grundgedanken der Systemtheorie von Talcott Parsons (1951) entwickelten verschiedene angelsächsische Politikwissenschaftler (Gabriel Almond, David Easton, Seymour M. Lipset, Sidney Verba) Konzepte, die von einem größeren Einfluss der Bürger:innen auf Stabilität und Wandel politischer Systeme ausgingen. Diese Konzepte wurden in der Folgezeit unter dem Ansatz der politischen Kulturforschung zusammengefasst. Entsprechend beinhaltet dieser Ansatz eine Vielzahl theoretischer Überlegungen und konzeptioneller Annahmen. Diese stehen allerdings nicht lose im Raum, und ebenso wenig handelt es sich um rein philosophisch-konzeptionelle Zugänge, wie das bei den frühen Demokratietheorien der Fall war. Vielmehr sind sie eng an empirische Analysen geknüpft. Dafür spielt die funktionale Auffassung von politischen Systemen wie auch die Anwendung empirisch-qualitativer und -quantitativer Methoden in der Sozialwissenschaft eine wichtige Rolle. Selbst wenn lange Zeit Uneinigkeit hinsichtlich der Stellung der politi-

7 Als eine Ergänzung anzuerkennen sind – allerdings nie konzeptionell stringent ausgearbeitete – Überlegungen in Richtung von Symbolen als politischer Kultur (Rohe 1996).

schen Kulturforschung bestand – z. B. wurde hinterfragt, ob es sich um eine geschlossene Theorie oder ein Bündel von Annahmen und Ansätzen handelt –, hat sie sich in den letzten Jahrzehnten als relativ geschlossener analytischer Forschungsansatz etabliert. Als verbindendes Ziel aller darin zusammengefassten Überlegungen gilt, Aussagen über die Verankerung der politischen Systeme in ihren Gesellschaften und über die Stabilität dieser politischen Systeme beizusteuern. Aufgrund ihrer analytischen Aufstellung konnte sie sich so vor allem in der Vergleichenden Politikwissenschaft als ein wichtiges Grundkonzept etablieren (Lauth et al. 2016).

Zur Ausbreitung der politischen Kulturforschung haben unterschiedliche Aspekte beigetragen:

1. Zum ersten etablierte sich eine gesteigerte *Sensibilität* für kulturelle Entwicklungen in Gesellschaften und für die politischen *Einstellungen der Bürger:innen*. Viele politische Entwicklungen ließen sich nicht allein aus objektiven Rahmenbedingungen erklären, sondern waren oft Folge politischer Handlungen der Bürger:innen. Damit wuchs subjektiven Bewertungsprozessen und individuellen Wahrnehmungsfiltern eine wachsende Bedeutung für Politik zu. Gerade die Protestbewegungen der 1960er Jahre wiesen auf Diskrepanzen zwischen den vorherrschenden politischen Strukturen und den Vorstellungen der Bürger:innen hin. Aufgrund der diesen Protestbewegungen innewohnenden politischen Sprengkraft und des Veränderungsdrucks, den sie mit sich brachten, kombiniert mit der Notwendigkeit von Wahlerfolgen zum Machterwerb, weckten die Meinungen der Mehrheit der Bürger:innen verstärkt in das Interesse von Politiker:innen und Wissenschaftler:innen.
2. Zudem kamen verstärkt Prozesse der Individualisierung und der zunehmenden *Handlungsautonomie der Bürger:innen* in den Blick. Ihre theoretische und empirische Verarbeitung kann unter dem Begriff Behaviorismus zusammengefasst werden und wurde in der Sozialwissenschaft umfassend aufgegriffen.[8]

8 Beim Behaviorismus handelt es sich um eine Denkströmung des beginnenden 20. Jahrhunderts, die den Menschen über sein äußerlich beobachtbares *Verhalten*

3. Eine zentrale Triebkraft war die methodische Weiterentwicklung der *vergleichenden Umfrageforschung*. Sie eröffnete den Zugang zu belastbaren Informationen über Einstellungen und Werte der Bürger:innen und zu deren Vergleich. Diese vergleichende Perspektive wurde seit den 1940er Jahren immer wieder bearbeitet (z. B. Almond/Verba 1963; Inglehart 1990).
4. Die stetige *Ausbreitung demokratischer politischer Systeme* (ob nun linear oder in Wellen) seit Ende des Zweiten Weltkriegs ist nicht zu unterschätzen. Da in Demokratien den Bürger:innen eine wesentlich höhere Bedeutung für das politische System zugestanden wird als in anderen Regimetypen, wurden Überzeugungen der Bürger:innen noch interessanter für die Herrschenden.

Das Kernmoment der politischen Kulturforschung liegt in der Bestimmung des Verhältnisses von politischer Struktur und politischer Kultur (den Einstellungen zum politischen System). Bezugspunkt für die Stabilität eines politischen Systems und vor allem einer Demokratie ist die *Korrespondenz von politischer Kultur und Struktur*. Für dieses Verhältnis zwischen Kultur und Struktur stellt die politische Kulturforschung Annahmen auf: Fehlt eine zumindest positiv-neutrale Haltung der Mehrzahl der Bürger:innen gegenüber dem politischen System, dann unterliegt dieses im Krisenfall (egal, ob dieser nun ökonomisch, politisch oder sozial ist) der Gefahr eines Zusammenbruchs. Anders gesagt: Tritt niemand für das politische System ein, dann wird es als solches nicht überleben. Ohne eine zumindest positiv-neutrale Haltung sind die Bürger:innen immer seltener bereit, aktiv für das gegenwärtige System einzutreten, und die bestehenden Regeln und Normen finden in der Bevölkerung eine sinkende Folgebereitschaft. Letztlich wird das politische Leben ausgehöhlt und Gesetze werden nicht mehr befolgt. Hierauf können die Herrschenden unterschiedlich reagieren. Zunächst werden sie

---

begreift, mit dem er auf ebenfalls beobachtbare Reize reagiert. Dadurch wird menschliches Verhalten im Behaviorismus umfassend für naturwissenschaftliche Methoden zugänglich. Die heutige Umfrageforschung greift zu Teilen auf die dort entwickelten Überlegungen zurück und ergänzt diese durch psychologische Instrumente.

versuchen, durch Ordnungsmaßnahmen den Gesetzen Durchsetzung zu verschaffen und so die politische Struktur zu erhalten. Diese Durchsetzung trotz fehlender Anerkennung der Gesetze durch die Bürger:innen ist allerdings aufgrund ihrer Kosten zeitlich begrenzt. So bleiben zwei Möglichkeiten: Die politische Struktur wandelt sich (*Reform*) oder es kommt zu einem Zusammenbruch des politischen Systems (*Revolution*). Die zentrale Annahme dabei ist: Die politische Struktur, z. B. das Institutionensystem, muss in mittelfristiger Betrachtung den Erwartungshaltungen der Bürger:innen gerecht werden, sonst wird es in der bestehenden Form nicht überleben.

Am Beispiel von Demokratien lässt sich diese Entwicklung gut demonstrieren: Demokratische Institutionen benötigen eine demokratische politische Kultur, um sich entfalten zu können. Dies impliziert ein gewisses Wohlwollen der Bürger:innen gegenüber der Struktur ihres demokratischen Systems und die Akzeptanz demokratischer Grundwerte wie auch die Einhaltung der demokratischen Regeln durch die Politik. Gleichzeitig fördern republikanische bzw. demokratische Einstellungen der Bürger:innen den Zusammenbruch von Monarchien, Militärherrschaften oder sultanistischen Regimen. Die Annahmen der politischen Kulturforschung zielen dabei immer auf die Überzeugungen der Mehrheitsbevölkerung oder zumindest politischer Gruppen hinreichender Größe. Also nicht alle, aber die überwiegende Mehrheit der Bürger:innen müssen das System grundsätzlich unterstützen – und auch aktiv dafür eintreten. Nur wenn in einer Demokratie keine größeren Gruppen existieren, die diese ablehnen oder – noch problematischer – abschaffen wollen, ist deren Überleben über eine längere Zeit zu erwarten (Diamond 1999: 65). Man geht als Faustregel davon aus, dass die Zahl der aktiven Unterstützer:innen der Demokratie (minimal ca. 70 %) die der aktiven Gegner:innen (maximal ca. 15 %) deutlich übersteigen sollte.

Aus den bisherigen Ausführungen wird erkennbar, dass die politische Kulturforschung von ihrem Beginn an *vor dem Hintergrund demokratischer Systeme* gedacht wurde. Zwar verweisen nahezu alle Ansätze der politischen Kulturforschung auf die allgemeine Anwendbarkeit des Konzeptes und schließen autokratische politische Systeme ein, effektiv erwies das Konzept sich aber vor allem bei der Anwendung auf demokratische Systeme oder Systeme, die bereits auf dem Weg zur Demokratie sind (Transformationsstaaten). Hierfür sind verschiedene Gründe ausschlaggebend. Zum einen ist in Autokratien die Relevanz der Bürger:innen eingeschränkt. Ihr politischer Einfluss ist geringer als in Demokratien, die konzeptionell auf die Beteiligung des Bürger:innen angewiesen sind. Nichtsdestoweniger geht die politische Kulturforschung davon aus, dass auch Autokratien eine korrespondierende politische Kultur zum Systemerhalt benötigen (Kailitz 2017; S. Pickel/Stark 2010; G. Pickel 2013: 180–189). Die Frage, wie sich diese Unterstützung in einer Autokratie feststellen lässt, legt jedoch methodische Folgeprobleme offen: Kommt es in autokratischen Systemen überhaupt zu den für die Erfassung der politischen Kultur notwendigen Umfragen, dann erschweren möglicherweise nichtkalkulierbare Effekte sozialer Erwünschtheit eine verlässliche Messung der Haltungen zu politischen Ordnungen (und insbesondere zu Aspekten der Demokratie). Um Aussagen über die politischen Kulturen treffen zu können, benötigt man aber Umfrageergebnisse. Entsprechend sind in autokratischen oder hybriden Regimen erzielte Umfragedaten von Forscher:innen mit besonderer Vorsicht und Reflexion zu interpretieren.

3.2 Politische Kultur: Die zentralen Konzepte

3.2.1 Die Civic-Culture-Typologie

Ausgangspunkt der analytischen Untersuchung des Konzeptes »politische Kultur« ist die 1959 von Gabriel Almond und Sidney Verba (vgl. dies. 1963, 1980) durchgeführte Untersuchung der politischen Einstellungen in fünf Nachkriegsstaaten (USA, Großbritannien, Italien, Bundesrepublik Deutschland und Mexiko). In der *Civic Culture*-Studie wurde auf Basis einer Zusammenführung von theoretischen Überlegungen, historisch abgeleiteten Begründungen und Umfrageergebnissen eine Grundtypisierung von politischen Kulturen herausgearbeitet. Sie ist das Resultat aus der Konfiguration der Rollenstrukturen von Bürger:innen und Herrschenden im Verhältnis zur politischen Struktur. Almond und Verbas zentrale Frage war die nach der Stabilität eines politischen Systems, die sie aus dem Verhältnis von Struktur und Kultur ableiteten (vgl. S. Pickel/G. Pickel 2006: 66–69; auch Wiarda 2014). Als politische Kultur verstanden sie die auf das politische System ausgerichteten gesammelten Einstellungen und Wertorientierungen der Bürger:innen eines Landes. Sie sind die Folge historischer Prozesse und ähnlicher individueller Sozialisation. Aus der Trägheit dieser beiden Entwicklungen lässt sich auf eine relativ hohe Dauerhaftigkeit der politischen Kultur schließen.

Almond und Verba differenzieren politische Überzeugungen, die auf vier Zielbereiche gerichtet sind:

1. Erster Bezugspunkt ist das Selbstbild der Bürger:innen (*Ego*) innerhalb des politischen Systems. Es reflektiert die eigenen politischen Überzeugungen wie z. B. politisches Interesse oder politisches Wissen. Diese Einstellungen entwickeln sich zuerst relativ unabhängig vom politischen System eines Landes und weisen kein konkretes politisches Objekt als Ziel auf.
2. Dies unterscheidet sie bereits von dem für die Demokratieforschung zentralen Orientierungspunkt: den Einstellungen gegenüber den *strukturellen Charakteristika des politischen Systems*. Diese Gesamtbewertung der herrschenden Ordnung ist etwas vage und bezieht sich auf die politischen Strukturbedingungen, das politische System als solches (z. B. die Demokratie als Regierungsform, die politischen Institutionen an sich).

Beide Überzeugungskomplexe werden begleitet von der Bewertung der Beziehungen zwischen Ego und dem politischen System:

3. Die *Inputbewertung* bezieht sich auf die Teilhabe der Bürger:innen am politischen Leben und die Möglichkeit, in einer Demokratie etwas (Konstruktives) zu bewirken. Die Orientierungen sind nicht auf die eigenen Aktivitäten, sondern auf das Vorhandensein von Strukturen für ein mögliches Engagement ausgerichtet.
4. In der *Outputbewertung* wird die Leistungsfähigkeit der politischen Autoritäten und des politischen Regimes beurteilt. Hier nehmen die

Bürger:innen die konkreten Ergebnisse der Politik des politischen Systems wahr, entwickeln eine Position dazu und nehmen eine Bewertung vor.

Selbst bei einer größeren Distanz zum politischen System entstehen kognitive, affektive und evaluative Orientierungen zu allen politischen Objekten (▶ Tab. 3.1). Mit der kognitiven Komponente wird das Wissen der Bürger:innen über den jeweiligen Objektbereich angesprochen, affektive Orientierungsmuster beschreiben Gefühle gegenüber den politischen Objekten und evaluative Bewertungen umfassen die Bewertungen der Objekte. Ich kann z. B. über präsidentielle Regierungssystem Bescheid wissen (kognitiv): Ich kenne die zentrale Stellung des Präsidenten und weiß, wie seine Macht zwischen den politischen Institutionen ausbalanciert wird. Wenn ich der Meinung bin, keinem Volksvertreter sollte so viel Macht zustehen, dann empfinde ich präsidentielle Systeme vielleicht als widerwärtig (affektiv). Ungeachtet dessen kann ich zu einer sachlichen Einschätzung ihrer Leistungsfähigkeit kommen, etwa was die angemessene Versorgung der Bevölkerung angeht (evaluativ). Die Verteilung dieser Orientierungsformen in der Bevölkerung definiert die politische Kultur eines Landes, verbindet die individuellen Orientierungen der Bürger:innen (Kognitionen, Evaluationen und affektive Orientierungen) mit politischen Objekten (System, Ego, Output, Input) und ermöglicht eine Abbildung der politischen Kultur auf der Aggregatebene.

»The political culture becomes the frequency of different kinds of cognitive, affective, and evaluative orientations toward the political system in general, its input and output aspects, and the self as political actor« (Amond/Verba 1963: 17; ▶ Tab. 3.1). Aus den unterschiedlichen Kombinationen von Orientierungsformen und Zielobjekten ergeben sich verschiedene Typen von politischer Kultur (Almond/Verba 1963: 16–20). In der parochialen Kultur (*Parochial Culture*) ist die Beziehung zwischen Bürger:innen und politischem System durch wechselseitige »Nichteinmischung« geprägt. Es werden keinerlei Orientierungen (kognitiv, affektiv, oder evaluativ) gegenüber den politischen Objekten ausgebildet. Die Bürger:innen sind an Politik uninteressiert, politisch kenntnisarm, inaktiv und besetzen keine politischen Rollen. Gleichzei-

Tab. 3.1: Dimensionen politischer Überzeugungen

	Zielbereiche oder Objekte politischer Orientierungen			
	System als allgemeines Objekt	**Input Objekte**	**Output Objekte**	**Selbstbezug (Ego)**
Individuelle Orientierungen				
Kognition (kognitive Dimension)	1	1	1	1
Affekt (affektive Dimension)	1	1	1	1
Evaluation (bewertende Dimension)	1	1	1	1
Typen politischer Kultur				
Parochiale Kultur	0	0	0	0
Untertanenkultur	1	0	1	0
Partizipative Kultur	1	1	1	1

Quelle: Almond/Verba 1963: 16–17 mit Ergänzungen.
Oberer Teil: Alle Orientierungsformen können auf alle Objekte gerichtet sein (= 1). Unterer Teil: Der Wert 1 bedeutet das Vorhandensein aller im oberen Teil genannten Orientierungen in der betrachteten politischen Kultur, 0 bedeutet das Fehlen der Orientierungen in einer politischen Kultur.

tig stellen sie keine Erwartungen an das politische System und führen die Wünsche der Regierung ohne große Reflexion aus. Beispiele sind Stammes- und Feudalkulturen mit uneingeschränkter (teils göttlich gegebener) Autorität der Herrschenden. In der Untertanenkultur (*Subject Culture*) beurteilen die Bürger:innen die Leistungen der herrschenden Eliten (den Output) und das politische System als Gesamtheit. Diesen politischen Objekten gegenüber orientieren sich die Bürger:innen kognitiv, affektiv und evaluativ. Sich selbst sehen die Bürger:innen nicht als politische Akteure und nehmen (auch wenn sie politisch kompetent sein können) den politischen Prozessen gegenüber eher eine distanzierte und passive Haltung ein. Beispiel ist das deutsche Kaiserreich. In der partizipativen Kultur (*Participant Culture*) besitzen die Bürger:innen ein grundlegendes politisches Wissen, nehmen an der Entwicklung des Systems teil und bringen sich konstruktiv ein. Sie entwickeln alle drei Orientierungsformen gegenüber den politischen Objekten.

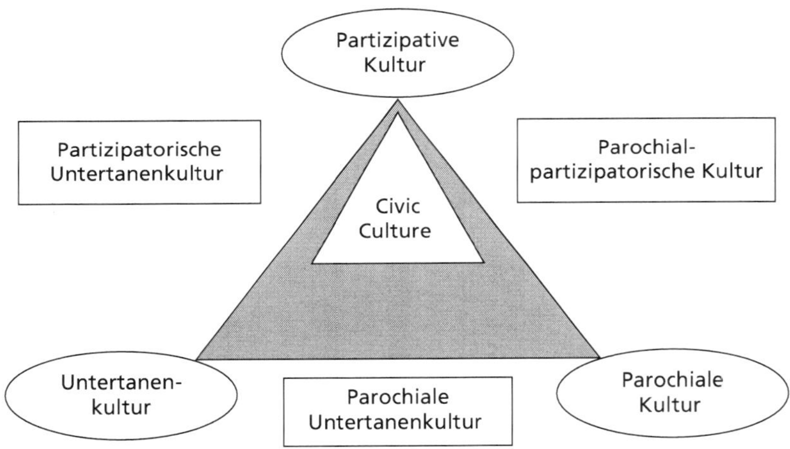

Abb. 3.1: Mischtypen politischer Kultur (Quelle: eigene Darstellung).

Alle diese Typen politischer Kultur sind theoretisch konstruierte *Idealtypen*. Ihr Auftreten in Reinform in der Realität ist unwahrscheinlich, Mischtypen (▶ Abb. 3.1) hingegen kommen häufiger vor. Almond und Verba ergänzen diese Idealtypen durch vier Typen »of systematically mixed political cultures«, die sie für deutlich realitätsnäher einschätzen (Almond/Verba 1963: 23). Dies sind die *Parochial-Subject Culture*, die *Subject-Participant Culture*, die *Parochial-Participant Culture* und schließlich die *Civic Culture* (S. Pickel/G. Pickel 2006: 63–65). In der zuletzt genannten finden sich starke partizipative Orientierungen, ein positives Einstellungsgefüge hinsichtlich der Strukturen des politischen Systems und der politischen Prozesse, aber auch Elemente der Untertanenkultur. Die nicht-partizipativen Elemente der *Civic Culture* gewährleisten durch eine gewisse Folgebereitschaft der Bürger:innen (z. B. hinsichtlich erlassener Gesetze) die Regierbarkeit eines politischen Systems. Nicht die *Participant Culture*, sondern der Mischtyp der *Civic Culture* wird so zum Vorbild für demokratische Systeme. Wenig überraschend sind Ähnlichkeiten der *Civic Culture* zur amerikanischen Demokratie zu erkennen, was gelegentlich als Kulturdeterminismus oder Ethnozentrismus der politischen Kulturforschung kritisiert wird.

In den Überlegungen Almonds und Verbas wird der Kongruenz von politischer Kultur und politischer Struktur die entscheidende Bedeutung für die Stabilität des politischen Systems zugeschrieben. Diese Kongruenz schafft eine Verbundenheit (*allegiance*) der Bürger:innen mit dem System und stützt es dadurch. Davon zu unterscheiden sind die das politische System destabilisierenden Einstellungsmuster Apathie (*apathy*) und Entfremdung (*alienation*) (Almond/Verba 1963: 22, 493–500; ► Tab. 3.2). Alle drei Formen sind wieder als idealtypische Beziehungen zu verstehen, die in den Bezugsstrukturen zu den einzelnen Orientierungsdimensionen variieren können. So ist es realistisch, dass es Bevölkerungsgruppen gibt, die kein tieferes Wissen über politische Prozesse besitzen, aber doch Antisystemneigungen ausgebildet haben. Gerade solch eine Personengruppe ist für das politische System gefährlich.

Tab. 3.2: Kongruenz und Inkongruenz von Kultur und Struktur

Form der Einstellungsmuster	System als allgemeines Objekt	Input Objekte	Output Objekte	Selbstbezug (Ego)	Systemzustand
Verbundenheit	+1 +1 +1	+1 +1 +1	+1 +1 +1	+1 +1 +1	*Stabilität*
Apathie	+1 0 0	+1 0 0	+1 0 0	+1 0 0	
Entfremdung	+1 –1 –1	+1 –1 –1	+1 –1 –1	+1 –1 –1	*Instabilität*

Quelle: Almond/Verba 1963 mit Ergänzungen (S. Pickel/G. Pickel 2006: 67). Einzelne Orientierungen gegenüber den politischen Objekten: +1 = positive Haltung; 0 = keine Beziehung; –1 = negative Haltung. Die drei Werte pro Zelle beziehen sich auf die drei Dimensionen aus Tab. 3.1: 1. Wert = kognitive Beziehung; 2. Wert = affektive Beziehung; 3. Wert = evaluative Beziehung.

3.2.2 Legitimität und Effektivität – zwei Seiten der politischen Orientierungen

Die Verbindung zwischen psychologischen Elementen der Individualebene und der Makroperspektive wurde von Seymour M. Lipset (1959, 1981) ausgebaut. Lipset bezieht stärker als Almond und Verba die Wirkung der konkreten Rahmenbedingungen der systemischen Stabilität in sein Modell ein – und fokussiert dabei besonders die ökonomische Leistungsfähigkeit des politischen Systems. Kernpunkt seiner Überlegungen ist das Zusammenspiel von Legitimität und Effektivitätsbewertung auf der Makroebene – wobei er einfach von Effektivität (*effectivity*) spricht, was gelegentlich zu Verwirrung führt.

Legitimität im Sinne des Konzeptes von Lipset stellt die grundsätzliche Überzeugung von der Rechtmäßigkeit des politischen Systems dar.[9] Die Bürger:innen sind der Ansicht, das politische System, in dem sie leben, sei dasjenige, das für ihre Gesellschaft am angemessensten ist (Lipset 1959: 77). Legitimität verkörpert eine diffuse, meist über längere Zeit (und auch bereits in der Sozialisation) akkumulierte Haltung der Individuen gegenüber dem politischen System. Bewertungsgrundlage der *Effektivitätsbeurteilung* sind die konkreten Handlungen des Systems. Diese werden oft schematisch noch zwischen ökonomischer Effektivität und politischer Effektivität unterschieden. Die Legitimität ist über die Zeit relativ stabil und nur langsamen Wandlungen unterworfen, während die Effektivitätsbeurteilungen von kurzfristigen Schwankungen betroffenen sind. Über eine Typologie der Verteilung von Effektivitätsbeurteilung und Legitimität lassen sich nach Lipset Aussagen über die zukünftige Stabilität des politischen Systems gewinnen (▶ Tab. 3.3). Dabei entstehen vier Konstellationen, die einen unterschiedlichen Stabilitätsgrad abbilden.

Politischen Systeme, die sich in der Box A befinden, werden als die stabilsten angesehen. Ihre Grundprinzipien und Institutionen sind tief in den Bevölkerungen verankert, genießen deshalb eine hohe Legitimi-

9 Diese Überlegungen schließen insbesondere an das Verständnis von Legitimität von Max Weber (1988) an, konzentrieren diesen noch eher konzeptionellen Zugang nun aber für die empirische Forschung (auch Wiesner/Harfst 2019).

Tab. 3.3: Typologisierung nach Seymour M. Lipset

		Effektivität	
		+	–
Legitimität	+	A	B
	–	C	D

Quelle: Lipset 1981: 68.

tät und ihre Leistungen werden als effektiv bewertet. Aus Sicht der Bürger:innen ineffektive und illegitime Regime finden sich in der Box D. Sie sind aufgrund ihrer fehlenden Verankerung in der Bevölkerung instabil und stehen (permanent) in der Gefahr, zusammenzubrechen. In Krisenzeiten kann kein Eintreten der Bürger für diese Systeme erwartet werden. Box C beinhaltet zwar effektive, aber (noch) nicht als legitim angesehene politische Systeme. Sie leben von ihrer (oft ökonomischen) Leistungsfähigkeit. Kommt es in diesen Systemen zu wirtschaftlichen und politischen Krisen, so ist ihr Überleben nicht gesichert, da sie keinen Halt in der Bevölkerung besitzen. Systeme des Typs C können auch ein Übergangsstadium zu Typ A darstellen. So wird die Ausbildung von politischer Legitimität in der Folge der ökonomischen Erfolge des deutschen politischen Systems der Nachkriegszeit als typisches Beispiel für eine solche Entwicklung angeführt. Politische Systeme der Box B befinden sich zwar gerade in einer Effektivitätskrise, können aber auf einen Legitimitätsvorschuss zurückgreifen. Erst wenn die Effektivitätskrise länger anhält, kommt es zu einer Gefährdung des politischen Systems. In Demokratien wäre eine typische Reaktion auf Effektivitätskrisen der Austausch des politischen Personals durch Abwahl der Regierung. Erst wenn sich dies als keine erfolgreiche Strategie gegen die negativ bewertete Leistungsfähigkeit des politischen Systems erweist, entstehen schwerere Probleme in der politischen Ordnung eines Systems – der Effektivitätskrise folgt dann eine Legitimitätskrise des politischen Systems (Watanuki et al. 1975; Pharr/Putnam 2000).

Aufgrund der vorliegenden (dynamisch angelegten) Typologisierung können Aussagen zur Stabilität von politischen Systemen wie auch zu den Prozessen zunehmender oder abnehmender Stabilität getroffen werden. Empirisch finden sich selten direkte Übergänge zwischen A und D, eher Entwicklungen, in denen Länder unterschiedliche Phasen durchlaufen: so zum Beispiel D → C → A (ein instabiles System wird ökonomisch erfolgreich und kann sich durch dauerhaften Erfolg Legitimität sichern) oder A → B → D (ein früher stabiles System bleibt über lange Zeit ineffektiv und bricht schlussendlich zusammen). Diese Prozesse sind in jeder Stufe und zu jeder Zeit reversibel und benötigen einen gewissen zeitlichen Spielraum.

3.2.3 Diffuse und spezifische politische Unterstützung

David Easton (1975, 1979) nahm einen weniger auf das politische System ausgerichteten Standpunkt ein. Er konzentrierte sich auf die Zielpunkte der politischen Einstellungen der Bürger:innen sowie die Form der Beziehung zwischen den Bürger:innen und den verschiedenen politischen Objekten. Auch für ihn ist die Stabilität des politischen Systems zentral, die er als Persistenz (*persistence*) bezeichnet. Easton nennt die Beziehung zwischen Bürger:innen und politischem System »politische Unterstützung« (*political support*). Der Begriff der (politischen) Unterstützung wird als eine Einstellung verstanden, mit der sich eine Person gegenüber einem (politischen) Objekt orientiert. Wie bei dem Begriff »politische Kultur« ist »politische Unterstützung« keine normative, sondern eine analytische Bezeichnung. Alle politischen Objekte können nach Easton positiv oder negativ unterstützt werden, d. h. die Einstellungen gegenüber politischen Objekten können negativ oder positiv sein. Für die Persistenz eines politischen Systems ist allerdings eine überwiegend positive politische Unterstützung notwendig, eine negative politische Unterstützung würde den Systemwandel oder Systemzusammenbruch mit sich bringen. Diese positive Unterstützung (*support*) erhält das politische Regime im systemtheoretischen Input-Output-Modell Eastons zumeist dann, wenn die Forderungen der Bürger:innen an das System (*demands*) erfüllt werden.

Easton (1979: 171–225) identifiziert drei Objekte des politischen Systems, denen Unterstützung zuteilwird (▶ Tab. 3.4): Die *politische Gemeinschaft* umfasst die Mitglieder eines politischen Systems und ihre grundlegenden Wertmuster. Gemeinschaftssinn und eine übergreifende Objektzuordnung (wie z. B. die Nation und die in ihr lebenden Personen) sind die Grundlage dieser Komponente der politischen Ordnung, die sich im Zugehörigkeitsgefühl zum Kollektiv und in einer gegenseitigen Loyalität der Gemeinschaftsmitglieder äußert. Das Unterstützungsobjekt *politisches Regime* umfasst die grundlegende Struktur des Institutionensystems. Die politische Unterstützung bezieht sich auf die Institutionen an sich, also die Rollen (z. B. die Position des:r Bundespräsident:in im politischen System) und nicht die konkreten Rollenträger:innen (die Person des:r Bundespräsident:in). Die Rollenträger:innen werden unter dem Objekt der *politischen Autoritäten* beurteilt. Den Inhaber:innen politischer Autoritätsrollen wird politische Unterstützung hauptsächlich durch die Akzeptanz der von ihnen getroffenen Entscheidungen seitens der Bürger:innen zuteil. Die *spezifische* Unterstützung (*specific support*) resultiert aus der Zufriedenheit mit den Outputs des politischen Systems bzw. mit den Autoritäten, die diese Outputs produzieren. Diese Form der Unterstützung ist mit der Effektivitätsbewertung bei Lipset vergleichbar. Davon zu unterscheiden ist die *diffuse* Unterstützung (*diffuse support*), die eine Zustimmung zu den Objekten um ihrer selbst willen wiedergibt. Hier geht es um eine grundlegende Akzeptanz des politischen Systems – vergleichbar der Legitimität bei Lipset. Easton unterteilt die diffuse Unterstützung zusätzlich in Legitimität und Vertrauen. Legitimität ist ein Produkt der von den Bürger:innen wahrgenommenen Übereinstimmung der eigenen Werte und Vorstellungen mit dem politischen System, während das Vertrauen die Hoffnung auf eine Gemeinwohlorientiertheit der politischen Objekte bzw. der sie tragenden Personen beinhaltet. Vertrauen speist sich aus Sozialisation und generalisierten Output-Erfahrungen.

Tab. 3.4: Das Konzept politischer Unterstützung nach Easton

		Unterstützungsobjekte		
		Politische Gemeinschaft	*Politisches Regime*	*Politische Autoritäten*
Quelle der Unterstützung	*diffus*	Identifikation mit der politischen Gemeinschaft	Regime-Legitimität; Regime-Vertrauen	Autoritäten-Legitimität; Autoritäten-Vertrauen
	spezifisch			Zufriedenheit mit den alltäglichen Outputs

Quelle: Fuchs 1989: 18.

3.2.4 Demokratieverständnis und politische Kultur

Easton ging nicht von einer Differenz zwischen der normativen Legitimität, also der Anerkennungswürdigkeit einer Demokratie mit gesetzten Eigenschaften (meist politische Gleichheit, Freiheit und politische Kontrolle; Lauth 2004; Merkel 2019), und ihrer faktischen (empirischen) Anerkennung durch die Bürger:innen aus. Die Bürger:innen lassen demnach nicht der Idealform der Demokratie ihre Anerkennung zuteilwerden, sondern ihrer subjektiven Vorstellung von Demokratie, ihrem *Verständnis von Demokratie*. Die Abweichung oder Übereinstimmung zwischen der Erwartung, wie eine Demokratie (oder ein politisches System) sein soll, und dem, wie die aktuelle Demokratie (oder das politische System) im eigenen Land tatsächlich ausgestaltet ist und funktioniert, erklärt zusammen mit der wirtschaftlichen Performanz die Demokratie(un)zufriedenheit der Bürger:innen.

Diese Komplexität inklusive ihrer Wechselbeziehungen wird anhand eines neueren Modells deutlich (▶ Abb. 3.2; S. Pickel 2016; S. Pickel/G. Pickel 2016): Zwischen dem konkreten Demokratieverständnis, dem, was sich die Bürger:innen unter Demokratie vorstellen, und der diffusen und spezifischen Unterstützung der Demokratie bestehen zahlreiche zueinander in Wechselbeziehungen stehende Einstellungsmuster (Ferrin/Kriesi 2016; S. Pickel 2016). Das Demokratieverständnis prägt als Hintergrundfolie das Legitimitätsempfinden (b) und die Unterstützung der aktuellen Gestaltung der Demokratie im eigenen Land (c) durch einen Abgleich zwischen der Idealvorstellung der Bürger:innen und dem realen politischen System. Zudem wird die Bindung an die politische Gemeinschaft (a) als Fundament des politischen Systems wieder in das Modell integriert. Das politische System im Land muss ebenso unterstützt werden, wie die Bürger:innen ihren Institutionen vertrauen (d) müssen. Kurzfristige, spezifische Unterstützung der Leistungsfähigkeit des politischen Systems (e) generiert langfristig Vertrauen und bietet ein Reservoir der politischen Gestaltung, über die die Bürger:innen durch Wahl und Abwahl bestimmter politischer Autoritäten mitentscheiden können. Anhand des Schemas werden die verschiedenen Dimensionen der politischen Kultur (Spalte 1) genauso erkennbar, wie deren Verwirklichung (Spalte 2) und die konkreten Einstellungen (Spalte 3).

Die Vorstellung der Bürger:innen davon, wie eine Demokratie sein soll, entscheidet darüber, ob sie der Demokratie im eigenen Land Anerkennung zuteilwerden lassen. Die Demokratie soll also die Erwartungen der Bürger:innen erfüllen. Dies wäre kein Problem, wenn die Bürger:innen genau wüssten, was eine Demokratie ausmacht, welche Institutionen und Verfahren, Rechte und Freiheiten zu einer Demokratie gehören. Jedoch ist eher eine oberflächliche Kenntnis der Eigenschaften liberaler Demokratien die Regel (Dalton et al. 2007; Cho 2015). Man bezieht sich auf recht allgemeine Grundprinzipien. Gleichwohl deutet dieses Grundverständnis eine klare Richtung an: Demokratie wird mit *individueller Freiheit* verbunden. Diese Dominanz eines auf Freiheit ausgerichteten Verständnisses von Demokratie findet sich auch in internationalen Umfragen (z. B. Afrobarometer; G. Pickel 2016; Fuchs/Roller 2016; Shin 2018). Allen kulturspezifischen Unterschieden zum Trotz scheint das Konzept der auf individuelle Freiheiten ausgerichtete liberale Demokratie das Bild von Demokratie insgesamt zu prägen (Crow 2010; Canache 2012). So ist die Zugkraft der Demokratie auch wesentlich auf den Zugewinn an individueller Freiheit zurückzuführen, der

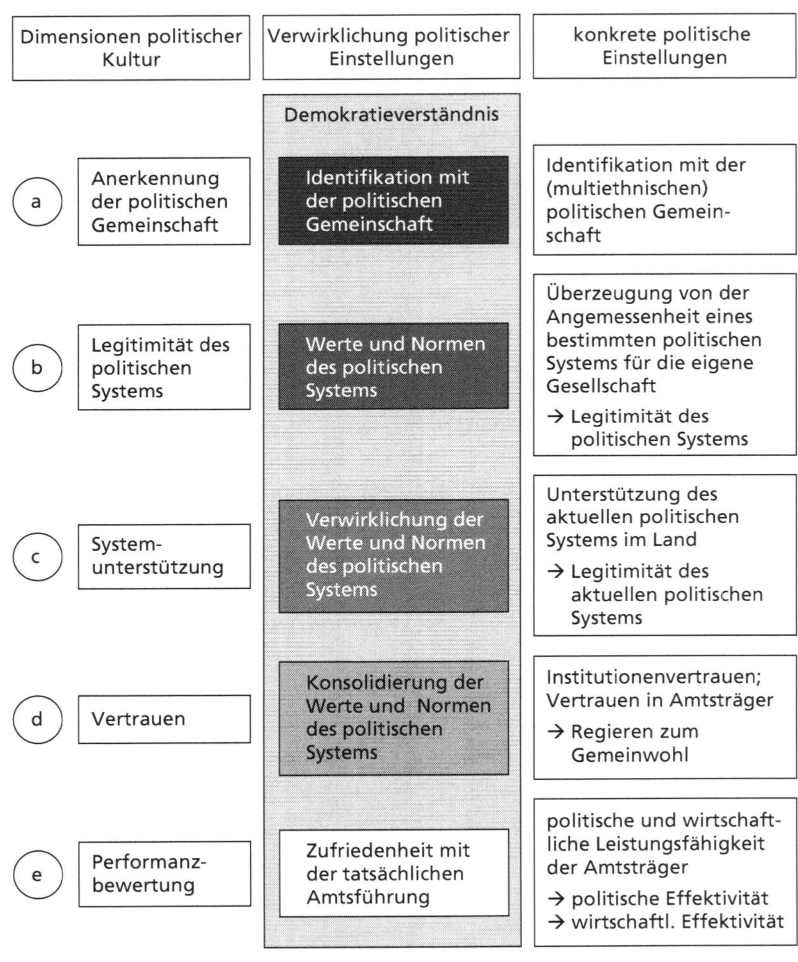

Abb. 3.2: Politische Kultur, Demokratieverständnis und politische Einstellungen (Quelle: S. Pickel/G. Pickel 2016: 553; einbezogen Konzeptionen von Fuchs 2002: 37; Norris 2011: 24, 44).

mit ihr einhergeht (Welzel 2003, 2013). Andere Elemente der Demokratie tauchen je nach Sozialmilieu, kultureller Prägung, Bildungsgrad und ideologischer Position auf, sie bedürfen aber der freiheitlichen Ausgestaltung des politischen Systems. Dies erklärt auch zum Teil, warum das Leitbild der liberalen Demokratie so häufig mit dem der Demokratie an sich gleichgesetzt wird.

Prüft man, ob die Befragten zwischen den Eigenschaften einer Demokratie und denen einer Autokratie unterschieden können, so variieren die Beschreibungen der Bürger:innen zwischen den Weltregionen: Ein westlich-liberales Demokratieverständnis ohne autoritäre »Beimischungen« ist in den sogenannten westlichen Staaten mit Abstand am häufigsten zu finden, während es in Afrika, Südostasien und dem Nahen Osten am seltensten auftaucht. Die meisten Menschen erkennen zwar die essenziellen Charakterzüge von Demokratie, halten aber widersprüchliche Attribute ebenfalls für demokratisch (Cho 2015). Hier besteht das Risiko, dass es sich um fassadenhafte Veränderungen des Demokratiebildes durch Herrschende zur Legitimation der eigenen Macht handelt – und nicht um eine kulturelle Variante von Demokratie (G. Pickel/S. Pickel 2022: 57–70).

Wird das liberale normative Leitbild nach Ansicht der Bürger:innen verletzt, unterstützen sie die Demokratie nicht (auch Mannewitz 2015). Sie streben als kritische Demokrat:innen danach, der optimalen liberalen Demokratie möglichst nahe zu kommen (Norris 1999). Können sie demokratische politische Ordnungen nicht hinreichend von autokratischen unterscheiden, so erfahren allerdings auch politische Systeme die Anerkennung der Bürger:innen, die gar keine Demokratien sind oder deren Grundprinzipien verletzen. Liberale Demokratien werden als Abweichung von ihrem »verzerrten« Leitbild hingegen von diesen Personen weniger unterstützt. Unterstützung kann in Fassadendemokratien also auch erzeugt werden, wenn die Regierenden den Regierten das falsche Verständnis einer liberalen Demokratie vermitteln und dann die Zufriedenheit mit der Fassadendemokratie abfragen. So kommen z. B. in China Legitimitäts- und Zufriedenheitswerte mit der chinesischen Demokratie von über 90 % zustande.[10]

10 Auch das Problem der sozialen Erwünschtheit trägt zu diesen Zufriedenheitswerten bei. Die Befragten befürchten in Fassadendemokratien, dass Bevölkerungsbefragungen nicht anonym durchgeführt werden und ihnen dadurch Nachteile entstehen. Sie antworten daher oft so, wie es die Interviewer:innen ihrer Meinung nach erwarten.

Das Demokratieverständnis ist bei der Bestimmung der Unterstützung der Demokratie oder von Legitimität von großer Bedeutung. Ohne zu wissen, was, welches Demokratiemodell oder welches politische System genau unterstützt wird (Held 1987), sind die wichtigen Messungen der politischen Unterstützung ungenau. In besonderer Weise schlägt dies bei der Zufriedenheit mit der aktuellen Demokratie durch, wenn es sich realiter gar nicht um eine Demokratie handelt. Gleiches gilt bei der Verbundenheit mit der politischen Gemeinschaft, wenn diese als homogen und exklusiv verstanden wird. Beide Fälle entsprechen nicht den Kriterien einer liberalen Demokratie – oder einer Demokratie überhaupt (G. Pickel/S. Pickel 2022: 129–140).

3.3 Politische Kultur im internationalen Vergleich

Indikatoren der politischen Kulturforschung werden regelmäßig mit Methoden der politischen Meinungsumfragen erhoben. Entsprechend stehen allgemein nutzbare Datensätze zur Verfügung. Besonders hilfreich für den internationalen Vergleich sind die kulturvergleichenden Umfrageprogramme der *World Values Surveys* (WVS), der *European Values Studies* (EVS), der *European Social Surveys* (ESS) oder des *International Social Survey Programms* (ISSP).[11] Betrachtet man die Ergebnisse dieser Erhebungen überblicksartig, so erfreuen sich demokratische politische Systeme und ihre Ideen weltweit hoher Zustimmung und der Wunsch nach einer Demokratie ist weitverbreitet (Welzel 2013; Dalton/Welzel 2014; ▶ Tab. 3.5). Die Zufriedenheit mit der aktuellen Demokratie fällt durchweg niedriger aus, und die Zufriedenheitswerte streuen über die Regionen erheblich. Während in der westlichen Welt und be-

11 http://www.worldvaluessurvey.org/wvs.jsp; https://europeanvaluesstudy.eu; http://issp.org/menu-top/home; https://www.europeansocialsurvey.org (alle Zugriff: 03.05.2022).

sonders in Westeuropa die Zufriedenheit in der Regel hoch ist, fällt sie in Afrika oder anderen Gebieten der Welt geringer aus (Klingemann 1999; G. Pickel 2015; Fuchs/Roller 2016; Lorenz/Anders 2020). Ein Grund ist die Prägung der Bewertung der Performanz der Demokratie durch tagesaktuelle Ereignisse und politische Entscheidungen der Herrschenden.

Auch historische Erfahrungen und kulturelle Vorprägungen sind relevant. Dies zeigt z. B. der eigentlich antidemokratisch geprägte Wunsch nach einem »starken Führer«. Gerade in Lateinamerika scheint ein solcher Wunsch recht gut mit Interesse an einer Demokratie vereinbar, während in Europa im Gros der Staaten eine massive Abwehr dagegen vorherrscht. Die Einschätzung des eigenen Landes als demokratisch unterliegt zudem persönlichen und kollektiv geteilten Wahrnehmungen. Hier kommt den Medien und ihrer Rezeption große Bedeutung zu. Gleichwohl finden sich in verschiedenen Ländern Unzufriedenheitspotenziale, die bei ungünstiger Konstellation Gefahren für die Stabilität der politischen Systeme mit unterschiedlicher Ausrichtung an ungünstigen Entwicklungen mit sich bringen. Beispielhaft sind hier Bosnien-Herzegowina und Brasilien: Wenn sich der Wunsch nach Systemalternativen zur Demokratie (die sich hier bespielhaft als Unterstützung eines »starken Führers« zeigt) in den Köpfen der Bürger:innen festsetzt, kommt es zu einer Gefährdung demokratischer Herrschaft über eine Unterminierung der demokratischen politischen Kultur (Fuchs et al. 1997: 3–12). Besonders instabile Verhältnisse lassen sich in den Daten ablesen, wirft man einen Blick auf die Widersprüchlichkeit einer hohen Bedeutung von Demokratie und einer negativen Einschätzung der Performanz der Demokratie wie in Ägypten.

So hilfreich wie diese Daten sind und so sehr sie die vergleichende politische Kulturforschung vorangebracht haben, so müssen gerade die Befunde in Autokratien wie z. B. China hinsichtlich der Legitimität der Demokratie mit einer gewissen Vorsicht betrachtet werden, stehen diese doch sowohl technisch (also durch soziale Kontrolle in der Befragung), wie auch inhaltlich (durch die Selbstbeschreibung Chinas als demokratisch) zumindest unter dem Verdacht, nicht das zu messen, was man als liberale Demokratie bezeichnet. Gleichzeitig wird deutlich, wie erfolgreich Selbstbeschreibungen sein können. So sahen 2017

Tab. 3.5: Politische Unterstützung und Legitimität der Herrschaftsform Demokratie

	Performanz der Demokratie		**Struktur der Demokratie**		**Idee der Demokratie**	**Starker Führer**
	Zufriedenheit 2008	**Einschätzung 2017**	**2000**	**2017**	**2000**	**2017**
Deutschland	64	81	97	98	97	22
Österreich	54	84	96	96	–	16
Großbritannien	–	71	94	94	–	14
Italien	–	62	95	97	–	31
Frankreich	40	66	94	94	–	24
Niederlande	55	87	94	97	–	32
Dänemark	76	95	99	98	–	18
Portugal	39	74	93	97	98	55
Spanien	57	71	97	96	96	11
Griechenland	43	49	95	94	94	9
Türkei	–		–	82	–	–
Estland	44	65	87	94	73	18
Lettland	29	–	89	90	–	–
Litauen	32	60	–	90	–	55
Polen	54	50	88	91	76	16
Ungarn	21	47	88	93	71	22
Tschechische Republik	40	57	89	92	88	27
Slowakische Republik	43	56	85	87	78	28
Slowenien	49	48	86	–	80	28
Bulgarien	10	39	75	93	63	16
Rumänien	41	46	87	91	81	79
Bosnien-Herzegowina	25	22	–	92	–	47

Tab. 3.5: Politische Unterstützung und Legitimität der Herrschaftsform Demokratie – Fortsetzung

	Performanz der Demokratie		Struktur der Demokratie		Idee der Demokratie	Starker Führer
	Zufriedenheit 2008	Einschätzung 2017	2000	2017	2000	2017
Serbien	20	42	–	86	–	57
Albanien	19	30	92	98	91	23
Ukraine	16	40	82	82	–	21
Belarus	62	47	–	93	–	69
Russland	38	52	71	78	53	44
USA	–	60	87	86	–	19
Australien	–	82	90	93	–	26
Japan	–	81	88	93	–	32
Südkorea	–	89	79	71	–	67
China	–	80	94	93	–	40
Taiwan	–	80	94	94	–	68
Argentinien	–	77	95	91	–	64
Brasilien	–	23	91	88	–	65
Chile	–	74	93	87	–	44
Peru	–	53	89	90	–	70
Ägypten	–	27	98	98	–	–
Jordanien	–	70	96	75	–	52
Zimbabwe	–	27	92	92	–	26
Südafrika	–	–	91	–	–	–

Quelle: WVS 1999–2000, 2017–2020; durchschnittlich 1.000 Befragte; Zustimmung in Prozent: Idee = Die Idee der Demokratie ist immer gut; Struktur = Es ist »sehr gut« + »gut«, ein demokratisches System zu haben; Performanz (2008) = Ich bin mit der Demokratie, wie sie in unserem Land ist, zufrieden; Performanz (2017) = Land ist demokratisch (Antworten von 1 bis 10 dichotomisiert); Starker Führer (antidemokratisch) = Es ist »sehr gut« + »gut« einen starken Führer zu haben.

80 % der Chines:innen ihr Land als weitgehend demokratisch an. Gleichwohl sollte man die Daten nicht unbegründet anzweifeln. Auch Ergebnisse für andere Länder sind inhaltlich zu interpretieren. So lässt sich ein bei zwei Dritteln der Bürger:innen verbreiteter Wunsch nach einem »starken Führer« durchaus mit einer Beschreibung des eigenen Landes als demokratisch in Einklang bringen. Einfach gesagt: Jedes der Umfrageergebnisse bedarf einer Erklärung und diese sollte durch zusätzliche Kenntnisse über die Daten hinaus erweitert werden.

Richten wir unseren Blick kurz noch etwas genauer auf *Deutschland* (► Abb. 3.3). Bemerkenswerterweise sind die Urteile über die aktuelle Demokratie allen Debatten über die Verbreitung des Populismus zum Trotz derzeit so gut wie schon lange nicht mehr. Die Deutschen waren mit der aktuellen Demokratie schon immer relativ zufrieden – zufriedener jedenfalls als in den meisten anderen Ländern der Welt. Zwar steht die Identifikation mit der politischen Gemeinschaft (gemessen als Nationalstolz), anders als in vielen Nachbarländern, unter dem Einfluss der Vergangenheit des Nationalsozialismus, gleichzeitig wird auch in Deutschland die nationale Identität z. B. einer europäischen Identität klar vorgezogen (Westle/Segatti 2016). Der Nationalstolz erreicht je nach Erhebung bis zu 80 % Zustimmung. Allerdings wird eine Überhöhung des eigenen Kollektivs über andere Kollektive nur von 10 % der Deutschen befürwortet (Decker/Brähler 2018: 80). Nimmt man eine Latenz (ermittelt aus der nicht expliziten Ablehnung der Items) von weiteren 20 % der Befragten hinzu, sind es immerhin 70 % der Deutschen, die keine natürliche Überlegenheit des eigenen Kollektivs über andere Nationen erkennen mögen. Entscheidender noch als dies ist die *breite Anerkennung der Demokratie als Herrschaftsform*. Die Demokratie als Idee oder Regierungsform erhält in Deutschland eine deutliche Zustimmung (wie in anderen europäischen Ländern), während das Vertrauen in politische Institutionen je nach Bezugsobjekt unterschiedlich ausfällt. Können in der Regel legislative und judikative politische Institutionen auf ein recht hohes Vertrauen zurückgreifen, verändert sich dies mit der Nähe zur Tagespolitik bei der Exekutive. Am schlechtesten kommen die politischen Parteien weg.

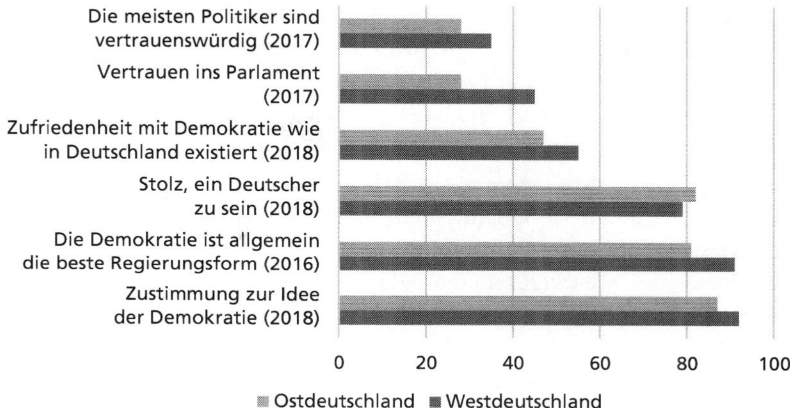

Abb. 3.3: Ergebnisse der politischen Kulturforschung in Deutschland. Quelle: Eigene Datenmaterial: German Longitudinal Election Studies 2017; World Values Surveys 2017; Allgemeine Bevölkerungsumfrage der Sozialwissenschaften 2018; European Social Surveys 2016, 2018; Leipziger Autoritarismus Studie 2018.

An dieser Stelle wird die theoretisch getroffene Unterscheidung zwischen Legitimität, Systemunterstützung und Output-Bewertung deutlich sichtbar. Die starke Unterstützung der Demokratie als Idee oder Regierungsform repräsentiert die diffuse Unterstützung oder Legitimität der Demokratie. Die Zufriedenheit mit dem Funktionieren der Demokratie bildet dagegen eine Art Zwitter aus diffuser und spezifischer Unterstützung, eine diffus-spezifische Unterstützung ab. Folgt man dem im vorangegangenen Abschnitt vorgestellten differenzierten Modell der demokratiebezogenen politischen Kulturforschung (▸ Kap. 3.2.4), dann wird hierbei die Dimension der Systemunterstützung abgebildet. Sie wird gleichzeitig positiv durch die Legitimität eines demokratischen Systems als auch negativ durch die aus der aktuellen Tagespolitik resultierenden Unzufriedenheiten geprägt. Deutet man die Ergebnisse im Zusammenspiel, dann befindet sich die deutsche Demokratie heute keineswegs in der häufig beschworenen *Legitimitätskrise* (Watanuki et al. 1975; Pharr/Putnam 2000). Wenn, dann findet sich eine Krise des Vertrauens in Politiker:innen und Parteien. Ihnen wird bereits seit längerer Zeit geringes

Vertrauen geschenkt. Bleibt man in der Konzeption der politischen Kulturforschung, dann ist die politische Effektivität und das Vertrauen in die politischen Autoritäten das Problem heutiger demokratischer politischer Kulturen in liberalen und repräsentativ angelegten Demokratien. Politiker:innen wird generell nur noch eine begrenzte Lösungskompetenz zuerkannt, besonders wenn es um Belange des Gemeinwohls geht.[12] Sie hätten nur ihre Interessen und politische Machtspiele im Sinn. Diese Hinweise auf die Ausprägung einer sogenannten Postdemokratie stützen die These einer weit verbreiteten *Politikerverdrossenheit* (Arzheimer 2002; G. Pickel 2002, 2020; ▶ Kap. 6).

Diese Ablehnung der politischen Eliten und Berufspolitiker:innen wird in Kombination mit einem sich teilweise wandelnden Demokratieverständnis der Bürger:innen zu einem zentralen Problem für den gesellschaftlichen Zusammenhalt und die gesellschaftliche Integration in Deutschland und anderen westeuropäischen Ländern. So werden von einigen Bürger:innen autoritäre Muster als mit der Demokratie vereinbar angesehen, die die eigenen individuellen Freiheiten dennoch schützen soll. Beispiele für diese autoritären Muster sind eine Bevorzugung nicht demokratisch legitimierter Expert:innen gegenüber gewählten Repräsentant:innen sowie völkische Denkweisen einer nativistischen Exklusion von sozialen Gruppen aus der Gesellschaft. In diesem Kontext wird die Zustimmung zum Nationalstolz, der eigentlich die Zugehörigkeit zur politischen Gemeinschaft abbilden soll, zu einem Hinweis auf die Offenheit für ein völkisches Homogenitätsstreben. Besonders bedenklich wird es, wenn die Unzufriedenheit mit Politiker:innen und Parteien auf zentrale politische Institutionen wie z. B. das Parlament überschlägt. Damit würde der zentralen Institution einer parlamentarischen Demokratie Legitimität entzogen. Der politischen Unterstützung der Demokratie hilft es dann nicht viel, wenn Gerichte oder der:die Bundespräsident:in in Deutschland weit höheres Vertrauen genießen.

---

12 Hier handelt es sich um eine Pauschalurteil, das mit Blick auf die eigenen, bevorzugten Politiker:innen aufgebrochen werden kann. So bekundeten im Sachsen-Monitor 2017 nicht einmal 20 % der Befragten Vertrauen in Politiker:innen im Allgemeinen, aber fast 70 % vertrauten den Politiker:innen der Partei, die ihnen nahesteht.

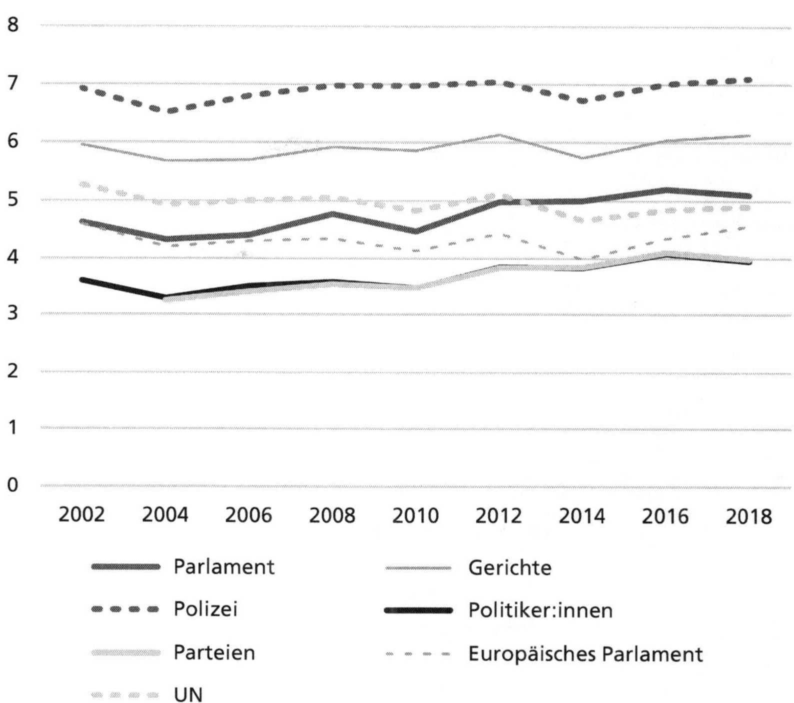

Abb. 3.4: Institutionenvertrauen in der Bundesrepublik Deutschland im Zeitvergleich. Quelle: Berechnungen des European Social Survey 2002–2018; Deutschland; 1.000 Befragte; Mittelwerte auf einer Skala von 0 (kein Vertrauen) – 10 (komplettes Vertrauen).

Greift man auf das hierfür besonders gut anwendbare Konzept der politischen Unterstützung zurück, so lässt sich eine beachtliche Schere in den Ergebnissen herausarbeiten. Je mehr die Urteile die Idee und die Grundkonzepte einer Demokratie betreffen, umso besser sind die Beurteilungen der Bürger:innen. Die Demokratie als Ideal und Staatsform trifft also auf hohe Zustimmung. Je mehr allerdings demokratische Institutionen aus dem politischen Tagesgeschäft betroffen sind, desto geringer fallen Vertrauen und Zufriedenheit der Bürger:innen aus. Letztlich ist es die Tagespolitik, welche die Zufriedenheit mit der Demokratie beeinträchtigt. Mal wünscht man sich dabei klarere, manchmal einfach die aus der eigenen Perspektive richtigen Alternativen. Gleichwohl will man die individuellen Freiheitsrechte der Demokratie nicht missen. Einfach gesagt: Es besteht keine Demokratieverdrossenheit, nicht einmal eine *Politik*verdrossenheit, wie seit den späten 1990er Jahren (und mit der Kür zum Wort des Jahres 2000) immer wieder propagiert wurde, sondern eine *Politiker*verdrossenheit (Arzheimer 2002; G. Pickel 2002). Es sind vor allem die Politiker:innen und die Parteien, die unter einem massiven Misstrauen der Bürger:innen leiden. Es gehört zu den Vorzügen einer Demokratie, dass Politiker:innen, denen besonders wenig vertraut wird, durch Wahlen immer wieder ausgetauscht werden können.

3.4 Fazit – Eine demokratische politische Kultur als Kern einer Demokratie

In der politischen Kulturforschung wird die Haltung der Bürger:innen zur Demokratie untersucht. Sie zielt auf die subjektive Seite von Politik und Demokratie. Damit lenkt sie, anders als institutionalistische Ansätze der Politikwissenschaft, das Augenmerk auf die Rolle der Bürger:innen in der Demokratie. Zwar werden noch nicht Beteiligung, zivilgesellschaftliche Einbindung und Deliberation zum Thema, allerdings wird die Verankerung der Demokratie in den Köpfen der Bürger:innen zum Analyse- und Betrachtungsziel. Als Ausgangspunkt dient die Annahme, dass zwischen der politischen Struktur und der politischen Kultur eine Kongruenz bestehen muss – oder einfacher gesagt: Ohne eine gewisse Unterstützung durch die Bürger:innen ist kein politisches System, und erst recht nicht das auf »Volksherrschaft« beruhende System der Demokratie, auf Dauer überlebensfähig. Und damit ist klar: Die politische Kulturforschung entfaltet ihren Nutzen gerade in Demokratien – und gehört folglich zur klassischen Demokratieforschung.

Wann bleibt nun eine Demokratie überlebensfähig? Obwohl nicht alle Bürger:innen immer und mit allem in einer Demokratie einverstanden sein müssen, benötigen doch die Prinzipien des Systems und die

Herrschaftsstruktur der Demokratie eine breite Basis der Anerkennung und Legitimität. In der heutigen Bundesrepublik Deutschland ist diese in großem Maße vorhanden. Gleichzeitig finden sich Gefährdungen der aktuellen Demokratie, die weitgehend aus Unzufriedenheiten mit dem politischen Personal oder aber dem Wunsch nach einer stärker autoritär ausgerichteten Form von Demokratie resultieren. Gerade letztere Einstellungen können zu einer generellen Gefahr für die Demokratie werden. Dies wäre der Fall, wenn sich subjektiv Demokratieverständnisse entwickeln, die faktisch nicht mehr demokratisch sind, und in Gegensatz zur liberalen Demokratie geraten, wie sie in Europa weitgehend existiert. Ihnen kann dann entgegengetreten werden, wenn die Mehrzahl der Bürger:innen sich gegen solche autoritären Avancen verwehrt und die liberale Demokratie unterstützt. Wie diese politische Unterstützung erhalten werden kann, darüber eröffnen sich Diskurse über Gerechtigkeit, politische und soziale Gleichheit und insbesondere über Partizipation.

Weiterführende Literatur

Almond, Gabriel/Verba, Sidney (1963): *The Civic Culture. Political Attitudes and Democracy in Five Nations.* Princeton: Princeton University Press.

Almond, Gabriel/Verba, Sidney (1980): *The Civic Culture Revisited. An Analytic Study.* Princeton: Princeton University Press.

Alvarez, Alejandro Moreno/Welzel, Christian (2011): *How Values Shape People's Views of Democracy. A Global Comparison.* www.democracy.uci.edu/files/docs/conferences/2011/Moreno%20Welzel_Chapter.pdf [Zugriff: 03.05.2022].

Diamond, Larry (1999): *Developing Democracy. Toward Consolidation.* Baltimore: Johns Hopkins University Press.

Easton, David (1975): A Re-Assessment of the Concept of Political Support. In: *British Journal of Political Science* 5: 435–457.

Easton, David (1979): *A System Analysis of Political Live.* New York: John Wiley.

Ferrin, Monica/Kriesi, Hanspeter (Hrsg.) (2016): *How Europeans View and Evaluate Democracy.* Oxford: Oxford University Press.

Fuchs, Dieter (2007): Politische Kultur. In: Fuchs, Dieter/Roller, Edeltraud (Hrsg.): *Lexikon Politik: Hundert Grundbegriffe.* Stuttgart: Enke: 220–224.

Inglehart, Ronald/Welzel, Christian (2005): *Modernization, Cultural Change, and Democracy. The Human Development Sequence.* Cambridge: Cambridge University Press.

Kaase, Max (1983): Sinn oder Unsinn des Konzepts »Politische Kultur« für die vergleichende Politikforschung, oder auch: Der Versuch einen Pudding an die

Wand zu nageln. In: Kaase, Max/Klingemann, Hans-Dieter (Hrsg.): *Wahlen und politisches System. Analysen aus Anlass der Bundestagswahl 1980*. Opladen: Westdeutscher Verlag: 144–171.

Lipset, Seymour M. (1959): Some Social Requisites of Democracy, Economic Development and Political Legitimacy. In: *American Political Science Review* 53: 69–105.

Lipset, Seymour M. (1981): *Political Man. The Social Bases of Politics*. Baltimore: Johns Hopkins University Press.

Pickel, Susanne (2016): Konzepte und Verständnisse von Demokratie in Ost- und Westeuropa. In: Schubert, Sophia/Weiß, Alexander: *Demokratie jenseits des Westens* (Politische Vierteljahresschrift, Sonderheft 51). Baden-Baden: Nomos: 318–342.

Pickel, Susanne/Pickel, Gert (2006): *Vergleichende Politische Kultur- und Demokratieforschung*. Wiesbaden: VS Verlag.

Salzborn, Samuel (2009): *Politische Kultur. Forschungsstand und Forschungsperspektiven*. Frankfurt/Main: Peter Lang.

Rohe, Karl (1990): Politische Kultur und ihre Analyse. Probleme und Perspektiven der politischen Kulturforschung. In: *Historische Zeitschrift* 250: 321–346.

Watanuki, Joji/Crozier, Michel/Huntington, Samuel P. (1975): *The Crisis of Democracy: Report on the Governability of Democracies to the Trilateral Commission*. New York: New York University Press.

Welzel, Christian (2002): *Fluchtpunkt Humanentwicklung: Über die Grundlagen der Demokratie und die Ursachen ihrer Ausbreitung*. Wiesbaden: Westdeutscher Verlag.

Welzel, Christian (2013): *Freedom Rising. Human Empowerment and the Quest for Emancipation*. Cambridge: Cambridge University Press.

Wiesner, Claudia/Harfst, Philipp (2020): *Legitimität und Legitimation. Vergleichende Perspektiven*. Wiesbaden: Springer VS.

4 Politische Partizipation

4.1 Beteiligung als zentrales Demokratieelement

Demokratie kommen nicht ohne die Beteiligung der Bürger:innen aus, sie ist eines ihrer Kernmerkmale (Marsh et al. 1990; Milbrath 1972). Viele Stränge der Demokratietheorie führen zur Teilhabe und Teilnahme von Bürger:innen an der Gestaltung ihrer Gesellschaft. Teilweise wird der Typus einer Demokratie alleine durch die Partizipationschancen bestimmt, die er seinen Bürger:innen gewährt. Am eindrücklichsten ist dies in partizipatorischen Demokratietheorien der Fall (Schmidt 2019: 229–233). Politische Partizipation erfolgt auf unterschiedlichen Wegen, sie kann verfasst, institutionalisiert und organisiert, unkonventionell oder gar illegal sein. Die Formen korrespondieren mit unterschiedlichen Ansichten über Bürgerbeteiligung. Wünscht eine Gruppe sich, dass die Bürger:innen die kleinteiligen politischen Entscheidungen Repräsentant:innen überlassen, wünschen andere sich eine größtmögliche direkte und unmittelbare Beteiligung der Bürger:innen. Ist die erste Form der Beteiligung staatstragend und die Regierenden unterstützend, kann die zweite Form als Herausforderung, Wunsch nach Wandel oder Protest gegen das gegenwärtige repräsentative politische System verstanden werden. Folgt man Differenzierungsüberlegungen des *Citizenship, Involvement, Democracy*-Projekts (Hadenius/Teorell 2007), dann lässt sich über die Kanäle der Partizipation (repräsentativ institutionalisierte oder extra-repräsentative Kanäle) und den Charakter der Aktivitäten (*exit*-basiert oder *voice*-basiert) eine Typologie politischer Partizipation erstellen (▶ Tab. 4.1). Sie unterscheidet zwischen Wählen, Parteiaktivität, Protestaktivität und Konsumentenaktivität sowie dem direkten Kontakt mit Politiker:innen und Politik. Konsumentenaktivität beschreibt Warenboykotte oder aber politisch motivierte Kaufentscheidungen von Produkten.

Tab. 4.1: Typologie der Formen politischer Partizipation

			Benutzte Kanäle	
			repräsentativ	*extra-repräsentativ*
Charakter der Aktivitäten	*exit-basiert*		(nicht) wählen	Konsumentenaktivität
	voice-basiert	*nicht-gezielt*	Parteiaktivität	Protestaktivität
		gezielt	kontaktieren	

Quelle: Van Deth 2009: 148 nach Teorell/Torcal/Montero 2007: 341; Darstellung leicht abgewandelt.

Wichtig ist die Unterscheidung zwischen Wählen und Parteiaktivität als institutionalisierten und verfassten Partizipationsformen und Protestaktivität oder einfachem Kontakt. Als Orientierungshilfe dient die Unterscheidung zwischen *exit*, *voice* und *loyalty* von Albert Hirschman (1970), die drei Reaktionsformen auf einen wahrgenommenen Missstand beschreibt. Kennzeichnet *loyalty* eine weitere Treue zum System (bzw. zum Unternehmen), meint *exit* den Rückzug aus dem System und *voice* den offenen Protest. Für das politische System stellt z. B. das Fernbleiben eines:r Bürger:in von Wahlen eine *Exit*-Option dar, während jede Form von Protest bis hin zum gewaltsamen Vorgehen als *voice* eingestuft werden kann. Kommen wir zurück zur Typologie in Tabelle 4.1. Selbst wenn diese Aufteilung detailliertere Differenzierungen vermissen lässt, zeigt sie doch unterschiedliche Wege und Motive der politischen Beteiligung auf (auch Stark 2019). Entsprechend werden wir die Beteiligungsstrukturen der Bürger:innen und ihre Relevanz in Demokratien im Folgenden entlang der Unterscheidung von Wahlen, Parteien (als Vermittlerinnen von Bürgerinteressen) und differenzierten Formen politischer Partizipation (wie Demonstrationen, Online-Petitionen usw.) näher betrachten.

4.2 Wahlen

Freie und faire Wahlen sind das Kernmerkmal liberaler, repräsentativer Demokratien, ohne Wahlen keine Demokratie (Schumpeter 1950). Wahlen gelten als *Königsweg*, über den die Bürger:innen Volksvertreter:innen mit politischer Macht ausstatten, mit der Hoffnung, dass diese Politiker:innen im Sinne der Wähler:innen und für das Gemeinwohl wirken werden (Reiser 2018). Wahlen sind zudem eine Möglichkeit, die Bürger:innen partizipativ in die Demokratie einzubinden. Um deren höchst unterschiedliche Interessen zu organisieren, entwickelten sich *politische Parteien*. Sie erfüllen die *Akkumulationsfunktion* politischer Interessen ebenso wie die Funktion der *Repräsentation*. Die politischen Parteien bilden damit der Kern der heute in Europa bestehenden liberalen, repräsentativen Demokratie. Die Repräsentation ist als Antwort auf die Komplexität direktdemokratischer Verfahren in Massendemokratien entstanden (► Kap. 2).

In der Bundesrepublik Deutschland sind die zentralen Merkmale von *freien und fairen Wahlen* im Wahlrecht im Detail festgelegt. Diese strukturellen Regelungen sind keineswegs profan, sind doch Wahlrechtsänderungen hochumstritten. Je nach Ausgestaltung profitieren einzelne Parteien von einem bestimmten Wahlrecht und andere werden ihnen gegenüber benachteiligt. Hier sind zunächst die Wahlsysteme der Mehrheits- und Verhältniswahl sowie unterschiedliche Mischtypen zu unterscheiden. Während Verhältniswahlsysteme geeignet sind, die Interessenverteilung innerhalb der Wahlbevölkerung möglichst genau in Parlamentssitze mehrerer oder vieler Parteien zu übertragen, gelten Mehrheitswahlsysteme als geeigneter, um stabile Regierungsmehrheiten zu produzieren. Meist resultiert aus Mehrheitswahlen ein parlamentarisches Zwei- oder Drei-Parteiensystem. Die Parteien repräsentieren dann meist mehrere Interessenskomplexe. Kleinere Parteien hingegen schaffen selten den Einzug in die Parlamente. Ein Wechsel vom Mehrheits- zum Verhältniswahlsystem, wie in Neuseeland 1996, ermöglicht es z. B. auch Minderheitengruppen wie den Maori, Abgeordnete einer oder mehrerer Parteien, die ihre spezifischen Interessen vertreten, in das Parlament zu entsenden. Neben dem jeweiligen Wahlsystem ist die Übertragung von Stimmen in Parlamentssitze entscheidend für die Zusammensetzung von Parlamenten. Um ein genaues Abbild des Wählerwillens zu erzielen, kommen oft komplexe Sitzzuteilungsverfahren zum Einsatz. Selbst die bislang in Deutschland angewandten Verfahren nach d'Hondt bzw. Hare/Niemeyer benachteiligten oder bevorzugten tendenziell große oder kleine Parteien. Das Divisorverfahren Sainte-Laguë gilt als ausgleichendere Variante. Bei allen unterschiedlichen Möglichkeiten, Wahlen funktional festzulegen, ist wichtig, dass jede:r Bürger:in das Recht besitzen muss, gleichberechtigt an Wahlen teilzunehmen, sofern er:sie dieses Recht nicht durch Verbrechen oder Landesverrat verwirkt hat.

In den liberalen Demokratien Europas haben sich Wahlen zum Maßstab der *Legitimität* einer Demokratie entwickelt. So wie ihre Durchführung frei und fair sein muss, zeugt aus Sicht der meisten Politiker:innen eine hohe *Wahlbeteiligung* von einer hohen demokratischen Legitimität des eigenen politischen Systems. Diese Wahrnehmung geht so weit, dass auch Autokratien immer wieder zu Wahlen greifen – dann aber von den Machthaber:innen kontrolliert und beeinflusst, und nicht frei und fair. Damit festigen sie ihr Herrschaftssystem, erzeugen nach außen den Anschein von Legitimität und können zumindest im öffentlichen Diskurs behaupten, demokratisch zu sein. Dies gelingt allerdings nur, wenn die Missachtung des Willens der Wähler:innen nicht gegen das autokratische Regime zurückschlägt – sind Verstöße gegen Fairness und Wahlehrlichkeit doch oft ein Kulminationspunkt für lange aufgestaute Proteste gegen die autokratischen Herrscher:innen. Entsprechend machen hohe Wahlbeteiligungsraten und eindrucksvolle Wahlergebnisse Betrachter:innen aus dem Ausland und aus liberalen Demokratien eher misstrauisch. Die Praxis der Legitimation durch »kontrollierte Wahlen« wird in der Politikwissenschaft unter dem Begriff der *elektoralen Autokratien* behandelt (Levitsky/Ziblatt 2018; Schedler 2006). Um einer solchen Legitimationsstrategie entgegenzuwirken und die Regelhaftigkeit sowie Freiheit von Wahlen zu gewährleisten, hat es sich etabliert, unabhängige Wahlbeobachter:innen der OECD in Länder zu entsenden, deren Wahlen als kritisch angesehenen werden. Gleichwohl fehlen häufig Sanktionsmöglichkeiten, um Verstößen gegen das Prinzip freier und fairer Wahlen angemessen zu begegnen.

Verstöße gegen das Prinzip der freien und fairen Wahlen sind häufig nicht eindeutig festzustellen. Ist z. B. eine Wahl wirklich als fair zu erachten, wenn die Regierung weite Teile der Medien kontrolliert und den Oppositionsparteien nur wenig Sendezeit zur Wahlwerbung einräumt (wie z. B. derzeit in Ungarn)? Ist sie frei, wenn neben einer Partei nur Ablegerparteien des:r Machthaber:in existieren? An diesen und ähnlichen Stellen werden Prinzipien der Demokratie auf schleichende Weise ausgehebelt, ohne dass Revolutionen oder Umstürze zu beobachten wären. Neben der fehlenden Fairness kann man die demokratische Funktion von Wahlen auch dadurch konterkarieren, dass man die Zahl der Bewerber:innen einschränkt oder die »gefährlichsten« Oppositionellen von der Wahl ausschließt. Geht man davon aus, dass Wahlen das zentrale Kriterium sind, um einen Staat als Demokratie zu kennzeichnen – wie z. B. in Konzepten zu Defekten von Demokratie (Merkel 2019) –, dann eröffnet sich hier ein Minenfeld für die Beurteilung von politischen Systemen. So wie eine möglichst breite Beteiligung der Bürger:innen an Wahlen Demokratien und anderen politischen Systemen, die auf Wahlen zurückgreifen, zur zentralen Legitimation gereicht, ist immer die Art und Weise sowie die Fairness und Freiheit von Wahlen im Blick zu behalten. Einschränkungen dieser Elemente sind in Demokratien als Defizite oder Defekte zu beurteilen.

Diese Vorsicht gilt auch für Manipulationen an den Wahlkreisen wie z. B. das berüchtigte *Gerrymandering*, bei dem Regierende sich durch einen für sie passenden Zuschnitt von Wahlkreisen Vorteile in den Folgewahlen verschaffen. Dabei werden die Wahlkreise so geschickt gelegt, dass man ein für sich optimales Ergebnis erzielen kann. Ein Beispiel wäre, ein Gebiet mit relativ ausgeglichener Wählerschaft in vier Wahlkreise zu unterteilen, von denen einer so geschnitten wird, dass er möglichst ausschließlich Anhänger:innen des politischen Gegners umfasst. Für die drei anderen verbleibt dann jeweils eine knappe, aber komfortable Mehrheit der eigenen Anhänger:innen. Trotz ähnlicher Zahlen im Gebiet insgesamt lassen sich so drei von vier Wahlkreisen gewinnen. Wer welche Partei wählt, lässt sich über die Sozialstruktur und Erkenntnisse über gruppenspezifisches Wahlverhalten oft recht gut identifizieren. Gerrymandering funktioniert besonders gut in Zweiparteiensystemen, wird aber auch in Mehrparteiensystemen angewandt, wenn die

Parteianhängerschaft stark strukturiert ist. Somit kommt es bei den Wahlen nicht allein auf die Wähler:innen, sondern auch auf das *Wahlsystem*, die Wahlkreise und weitere Kontexte der Wahlen an (Norris 2002).

Unter dem Blickwinkel einer möglichst hohen Wahlbeteiligung wurden in Deutschland die in den letzten Jahrzehnten sinkenden Wahlbeteiligungsraten in der Regel als Krisenindikator der Demokratie gedeutet. So waren bei Landtags-, Europa- und Bundestagswahlen *kontinuierliche Beteiligungsverluste* zu verzeichnen, die nur gelegentlich durchbrochen wurden. Zwischen diesen Wahlen ist auf verschiedenen Ebenen zu unterscheiden. Ist die Wahlbeteiligung an Bundestagswahlen weiterhin relativ hoch, fällt sie bei Landtagswahlen und bei Kommunalwahlen und besonders bei Europawahlen immer deutlich ab. Die Europawahlen werden in der Wahlforschung (dem sich spezifisch mit Wahlen beschäftigenden Bereich der Politikwissenschaft) als *Second-Order*-Wahlen bezeichnet, also Nebenwahlen (Blind 2020). Sie interessieren die Bürger:innen nicht in gleicher Weise wie z. B. Bundestagswahlen und sind diesen insofern nachgeordnet. Bundestagswahlen werden als die übergreifenden und wichtigsten Wahlen zur Herrschaftsherstellung angesehen, während Kommunalwahlen einen direkt vor Ort betreffen – und dadurch ebenfalls mehr Aufmerksamkeit auf sich lenken.

Nun muss eine hohe Wahlbeteiligung nicht zwingend ein gutes Ergebnis für die Demokratie bedeuten. So resultierten in den letzten Jahrzehnten Abweichungen vom Trend einer sinkenden Wahlbeteiligung in mehreren Staaten Europas immer wieder in Gewinnen für rechtsgerichtete, rechtsradikale Parteien. Eine hohe Wahlbeteiligung kam vor allem durch die Mobilisierung von Wähler:innen für antidemokratische oder stark systemkritische Parteien zustande. Diese Mobilisierung lässt sich mit Hirschman (1970) als eine Bewegung von der Unzufriedenheitshandlung einer bewussten Wahlabstinenz (*exit*) hin zur Unzufriedenheitshandlung einer Protestwahl (*voice*) deuten. Die Unzufriedenheit mit den derzeitigen politischen Verhältnissen wird durch die Wahl einer radikal vom Mainstream abweichenden Partei zum Ausdruck gebracht. Die erhöhte Wahlbeteiligung ist dann nicht mehr Ausdruck der Legitimität des demokratischen Systems, sondern eher ein Warnsignal für das Anwachsen seiner Gegner:innen. Entsprechend sind hohe Wahlbeteiligungen erst mit Blick auf die Verteilung der Wahlergebnisse auf die Parteien und Kandidat:innen in ihrer Konsequenz für die Demokratie richtig zu interpretieren.

Hier findet sich noch ein zweiter Indikator, der kritisch diskutiert wird. Es ist der sogenannte *Fragmentierungsgrad* der Parteienlandschaft, der misst, auf wie viele Parteien sich die Stimmen verteilen. Dabei wird davon ausgegangen, dass eine weite Streuung der Stimmen der Wähler:innen über verschiedene Parteien die Regierbarkeit erschwert. Konnten viele Parteien in das Parlament einziehen, sind breite Koalitionen notwendig, die eine große Zahl an Kompromissen mit sich bringen, die bei den Bürger:innen nur begrenzt beliebt sind. Diese Zersplitterung der Wählerschaft und Parteienlandschaft wird in jüngerer Zeit immer stärker, weil sich die Interessen der Wähler:innen verändern und sie nach Parteien suchen, die ihre spezifischen Interessen vertreten. Fragmentierung ist eine Wechselbeziehung zwischen erweitertem Parteienangebot und breiter gestreuter Nachfrage. Zwar finden sich nun mehr Optionen für die Wähler:innen, gleichzeitig erfordert die Umsetzung ihres Willens nun mehr Absprachen und Kompromisse, wenn man überhaupt eine tragfähige Mehrheit zum Regieren zusammenbekommt. Einen konkreten empirischen Beleg für diese Entwicklung liefert die Bundestagswahl 2021: Mit sechs Parteien im Bundestag und dem Wahlversprechen der SPD, keiner großen Koalition mehr zuzustimmen, wurde eine Drei-Parteien-Koalition aus SPD, Grünen und FDP nötig, um eine handlungsfähige Regierung zu bilden.

4.3 Parteien

Häufig handelt es sich bei den Wahlerfolgen von *Protestparteien* nur um kurzzeitige Phänomene, da der hohe Stimmenanteil oft überraschend erzielt wird und zu Streit innerhalb der Partei führen kann. Eine Stabilisierung der Stimmanteile bzw. der Aufbau einer größeren Stammwählerschaft wird verfehlt, wenn die Partei im späteren Verlauf der Legislaturperiode ihre Versprechungen nicht einhalten kann und sich die Wähler:innen wieder von ihr abwenden. Diese Entwicklungen sind allerdings nicht zwingend. Die Protestparteien können sich im politischen System einer Demokratie etablieren, wenn es ihnen gelingt, ein längerfristig relevantes Thema zu besetzen und sich zudem organisatorisch solide aufzustellen, d. h. eine integrative Führung zu wählen und eine flächendeckende Organisationsstruktur aufzubauen. Entscheidend für die Demokratie ist die weitere Entwicklung der Protestparteien. Sie mögen sich vielleicht im politischen Alltagsbetrieb störend bemerkbar machen, aber sie stellen nicht unbedingt eine Gefahr für die Demokratie dar. Zuerst einmal verweisen sie auf ein Problem, das aus Sicht einer größeren Zahl an Bürger:innen von den etablierten Parteien bislang noch nicht oder zumindest nicht befriedigend aufgenommen wurde. Wird das Problem von den etablierten Parteien aufgenommen, verschwinden Protestparteien oft oder transformieren sich in »normale« Parteien.

Protestparteien entstehen oft aus außerparlamentarischen sozialen Bewegungen, die sich zunächst einem bestimmten Thema widmen. Gründen sich Parteien aus diesen Bewegungen, dann handelt es sich oft um sogenannte »single-issue-Parteien«. Ist das fokussierte Thema längerfristig von gesellschaftlicher Relevanz, überlebt auch die Protestpartei. Geht die Relevanz verloren oder wird das Thema durch die etablierten Parteien absorbiert, verschwindet auch die Protestpartei meist wieder oder schrumpft zu einer Kleinstpartei. Die Überlebenschance der Protestpartei steigert sich, wenn sie eine klare ideologische Positionierung auf der linken oder rechten Seite des politischen Spektrums einnimmt oder eine bestimmte gesellschaftliche Interessengruppe vertritt.

Ein Beispiel für eine solche Transformation stellen die Parteien der europäischen *Grünen* dar. Sie entstanden aus einer Protestbewegung, formierten sich im Zuge des Wertewandels mit dem an Bedeutung gewinnenden Thema Umweltschutz als Protestparteien und sind nun als etablierte demokratische Parteien im parlamentarischen Parteienspektrum angekommen. Die Voraussetzung dafür war, dass sie sich auf demokratische Spielregeln eingelassen haben und demokratische Grundwerte vertreten. Schwieriger ist dies bei den in den letzten Jahren erfolgreichen populistischen Parteien des rechten ideologischen Spektrums. So konnten sich Parteien wie der französische *Front National* (jetzt *Rassemblement National, RN*) oder die deutsche *AfD* im Parteiensystem etablieren. Die Parteien werden zwar auf demokratischen Wege in die nationalen Parlamente gewählt, gleichzeitig bestehen erhebliche Zweifel an der Akzeptanz der liberalen Demokratie in Teilen dieser Parteien. Wieder andere Parteien wie die rechtsradikale *DVU* konnten ihren Status als nationalistische Protestpartei nie vollständig überwinden und sich entsprechend nie dauerhaft als politische Kraft etablieren. Interne Streitigkeiten und die Konkurrenz mit der völkischen *NPD* verhinderten Erfolge über Protestwahlen in einzelnen Bundesländern hinaus.

Thematische, konzeptionelle und ideologische Zuschreibungen sind für Parteien von großer Wichtigkeit. Sie dienen den Wähler:innen als *information shortcut*, d. h. die Wähler:innen entscheiden über ihr Wahlverhalten, indem sie den wahrgenommenen Themenschwerpunkt, die Vorstellungen von der künftigen gesellschaftlichen Entwicklung oder die jeweilige ideologische Position der Partei in Relation zu ihren Präferenzen bewerten, ohne die Partei- oder Wahlprogramme zu studieren. Ausgangspunkt für solche Überlegungen ist häufig die Zuordnung der Parteien zu etablierten *Parteienfamilien*. Parteienfamilien sind Bündel von Parteien in mehreren Gebieten oder Ländern, die gleiche Ziele besitzen und ggf. auch untereinander verbunden sind. Sie können in Europa zum Beispiel im Europäischen Parlament beobachtet werden. Parteienfamilien entstanden in der Vergangenheit aufgrund übergreifender gesellschaftlicher Konfliktlinien oder politischer *Cleavages* (Lipset/Rokkan 1967; ▸ Tab. 4.2). Ausgehend von vier großen historischen Einschnitten, verfestigten sich europaweit zumindest vier Konfliktlinien: (1) Kirche versus Staat, (2) Arbeit versus Kapital, (3) Zentrum versus Peripherie und (4) Stadt versus Land. Diesen gesellschaftlichen Konfliktlinien ordneten sich im Laufe der Zeit Vertreter:innen zu, die im Zuge der Demokratisierung in Europa Parteiform annahmen oder einen Flügel innerhalb einer Partei ausbildeten. Bauernparteien traten für die ländliche Bevölkerung ein, währen die Sozialdemokratie und sozialistische Parteien die Arbeiter:innen vertraten. Christliche Parteien, liberale Parteien wie auch Parteien ethnischer Minderheiten ergänzten dieses Bild. In der Moderne entwickelten sich *Volksparteien*, die aufgrund ihres Anspruchs, möglichst viele Bürger:innen zu vertreten, oft mehrere Cleavages aufgriffen. So kann man z. B. die CDU als Volkspartei der Interessenvertretung sowohl für das mittlere Unternehmertum (Kapital), die Landbevölkerung und die Christ:innen in Deutschland sehen. Gleichzeitig zeigt ein Arbeitnehmerflügel innerhalb der CDU, dass die Interessenvertretung ausgeweitet wurde, um auch Wähler:innen zu gewinnen, die aufgrund der theoretischen Zuordnung von gesellschaftlichen Konfliktlinien zu politischen Gruppierungen eigentlich eine andere Partei (SPD) wählen sollten.

Tab. 4.2: Cleavages – parteipolitisch relevante gesellschaftliche Konfliktlinien

Cleavage	Historischer Entstehungspunkt	Gesellschaftliche Bedeutung	Parteien
Stadt – Land	Industrialisierung	Auseinandersetzung zwischen primärem und sekundärem Sektor der Wirtschaft	Liberale Parteien versus Bauernparteien
Arbeit – Kapital	Industrialisierung	Gegensatz zwischen lohnabhängigen Arbeitnehmer:innen und Arbeitgeber:innen	Sozialdemokratie, linke Parteien versus Parteien der Unternehmer
Zentrum – Peripherie	Reformation	Organisation der politischen Entscheidungen an zentraler Stelle versus dezentrale Autonomie	Ethnische Parteien, Regionalparteien
Kirche – Staat	Auseinandersetzung um Bildungshoheit im Zuge der Säkularisierung im 19. Jahrhundert	Gegensatz zwischen säkularem Staat und auf politische Mitbestimmung ausgerichtete Kirchen und Religionsgemeinschaften	Christliche Parteien versus säkulare Parteien

Quelle: eigene Zusammenstellung.

Neue Konfliktlinien wie die zwischen radikalem Umweltschutz und neoliberalen Kapitalismus oder zwischen einer völkischen und pluralistischen Staatsauffassung werden diskutiert und sind fraglos nicht auszuschließen. Allerdings sollten neu aufkeimende politische Konfliktlinien nicht gleich als Cleavages bezeichnet werden. Cleavages sind über einen längeren *historischen Zeitraum* entstanden und müssen eine gewisse Dauerhaftigkeit aufweisen. Eine Konfliktlinie wird erst dann zum Cleavage, wenn sie eine gewisse Zeit überlebt hat und ihren Ausdruck in einer Partei findet, die im nationalen Parlament vertreten ist und als letzte Entwicklungsstufe Regierungsverantwortung übernehmen kann. Dies kann man für die Auseinandersetzungen um den Umweltschutz und die Klimapolitik nachvollziehen, für die Auseinandersetzungen um ein völkisch-nationalistisches Staatsverständnis versus ein offen-pluralistisches Staatsverständnis bzw. zwischen Kommunitarist:innen und Kosmopolit:innen (z. B. Lengfeld 2018; Merkel 2017; Norris/Inglehart 2019) ist die Bezeichnung »Cleavage« noch mit Vorsicht zu wählen. Man spricht nur dann von einem Cleavage (und nicht nur einer Konfliktlinie), wenn es zu einer langfristigen *Interessenkoalition* zwischen den Bürger:innen und den Parteien kommt. Damit diese Koalition zustande kommt, müssen zum einen die Parteien responsiv auf die Bürger:innen reagieren, zum anderen muss sich der Einsatz der Parteien für die Wählergruppe bei Wahlen in Stimmen niederschlagen (S. Pickel 2018). Da Parteien zur Durchsetzung ihrer Interessen und zur Gestaltung des Gemeinwesens Wähler:innen benötigen, kommt es in einer Demokratie zu einem *reziproken Verhältnis zwischen Bürger:innen und politischen Parteien*.

Politische Parteien sind für Demokratien ein wichtiger *Transmissionsriemen* und haben im Zuge der Durchsetzung der repräsentativen Demokratie eine immer stärkere Bedeutung erlangt. § 1 des Parteiengesetzes in Deutschland formuliert ihre verschiedenen Funktionen in kompakter Form:

> »Die Parteien wirken an der Bildung des politischen Willens des Volkes auf allen Gebieten des öffentlichen Lebens mit, indem sie insbesondere auf die Gestaltung der öffentlichen Meinung Einfluss nehmen, die politische Bildung anregen und vertiefen, die aktive Teilnahme der Bürger am politischen Leben fördern, zur Übernahme öffentlicher Verantwortung befähigte Bürger heran-

bilden, sich durch Aufstellung von Bewerbern an den Wahlen in Bund, Ländern und Gemeinden beteiligen, auf die politische Entwicklung in Parlament und Regierung Einfluss nehmen, die von ihnen erarbeiteten politischen Ziele in den Prozess der staatlichen Willensbildung einführen und für eine ständige lebendige Verbindung zwischen dem Volk und den Staatsorganen sorgen.« (Parteiengesetz § 1, Absatz 2).

Politische Parteien artikulieren somit Interessen, wirken an der politischen Bildung mit (siehe z. B. politische Stiftungen mit Bildungsauftrag) und ermöglichen den Bürger:innen, im Staat aktiv und gezielt mitzuarbeiten. Sie erfüllen wichtige *Funktionen für die Demokratie*:

»Jedes demokratische politische System muss vier wesentliche Aufgaben erfüllen: Politische Entscheidungen müssen diskutiert und getroffen werden (Politikformulierung), getroffene Entscheidungen müssen durchgeführt werden (Politikimplementation), der politische Prozess muss kontrolliert werden (Politikkontrolle) und die Personen, die in den Organen des Regierungssystems tätig sind, müssen rekrutiert werden (Personalrekrutierung).« (Niedermayer 2020).

Politische Parteien stellen die Auswahlmöglichkeiten des politischen Personals bereit und dienen nicht nur als Transporteur von den Bürgerinteressen zu den politischen Eliten und zum Staat, sondern auch umgekehrt als Vermittlerinnen staatlicher und politischer Entscheidungen. Gleichzeitig stabilisieren Parteien das politische System, denn sie bündeln nicht nur Interessen, sondern verhindern im besten Fall durch ihre längerfristige Präsenz im Parlament instabile Verhältnisse, die durch radikale Personalsprünge innerhalb der Regierung entstehen könnten.[13] Leonardo Morlino (2009) spricht von einer Verbindung zwischen einer *Verankerungsfunktion* und einer *Legitimitätsfunktion*. Sichert erstere die Struktur und Funktionsfähigkeit der Demokratie, dient die zweite zur Sicherung des Status der Demokratie als Herrschaft durch die Bürger:innen oder Volksherrschaft.

13 Die Situation der Regierung in Großbritannien im Sommer 2022 ist ein gutes Beispiel für eine Destabilisierung von Regierungen durch geballte Rücktritte von Regierungsmitgliedern und die Stabilisierung der Demokratie durch den Rückhalt demokratischer Werte in den Parlamentsparteien.

Tab. 4.3: Funktionen und Aufgaben von Parteien

Aufgabe	Funktion
Organisation der Partizipation und der demokratischen Mitwirkung der Bürger:innen	Partizipation
Sammlung und Verdichtung der Interessen der Bürger:innen zur Ermittlung des Bürgerwillens	Interessenakkumulation
Möglichkeit der Sammlung der Wünsche der Bürger:innen und deren Vermittlung an staatliche Politik in Demokratie	Interessenartikulation
Repräsentative Auswahl von Personal für politische Ämter	Selektion und Personalrekrutierung
Organisation der Bürgerbeteiligung und Vermittlung von Legitimität der Demokratie als Volksherrschaft	Integration
Vermittlung und Verbreitung demokratischer Werte in der Bevölkerung	Politische Sozialisation und politische Bildung
Übersetzung von Wünschen der Bürger:innen in politische Handlungen	Transmission
Vermittlung politischer Entscheidungen und deren Erklärung an die Bürger:innen	Vermittlung
Schaffung von unterscheidbaren politischen Alternativen für die Weiterentwicklung der Demokratie	Konkurrenzbereitstellung
Stabilisierung des Wahlverhaltens und Herstellung einer Beständigkeit von Herrschaftsausübung	Systemstabilisierung

Quelle: eigene Zusammenstellung, in Teilen mit Rückgriff auf Salzborn 2012: 88; von Alemann 2001: 208–201.

So erfolgreich die Parteien in frühen Jahren hinsichtlich dieser Funktionen waren, so kritisch wird vermutet, sie versuchten die Bürger:innen eher von der Politik fernzuhalten, als sie zu integrieren. Vor allem werden die Verselbstständigung von politischen Eliten in Parteien und die

Intransparenz parteiinterner Auseinandersetzungen und Entscheidungen bemängelt. Dies führte dazu, dass Parteien und Politiker:innen in Demokratien seit Jahren ein relativ geringes Vertrauen ausgesprochen wird. So äußern in der Regel nur 20–30 % der Bürger:innen ihnen gegenüber Vertrauen, aber deutliche Mehrheiten ordnen sie in Umfragen als »nicht an den Interessen der Bürger:innen interessiert« oder »nur an der Macht und Wahl interessiert« ein. Diese Parteien- und Politikerverdrossenheit hat die kritische Haltung gegenüber repräsentativen Strukturen bestärkt und ein Image von Parteien geschaffen, das es ihnen erschwert, die für eine Massendemokratie notwendigen Aufgaben adäquat zu erfüllen (▸ Kap. 3.4). Ob der daraus resultierende Ruf nach mehr direkter Demokratie den Parteien und den sie tragenden Parteipolitiker:innen immer gerecht wird, sei an dieser Stelle dahingestellt.

Ohne Frage hat sich die Position von Parteien in Demokratien seit ihrer Genese verändert. Diese Entwicklung hat zusammen mit weitreichenden Prozessen der *Fragmentierung* des Parteiensystems und einer zunehmenden Personalisierung des Wahlverhaltens dazu geführt, dass Parteien heute um ihre immer noch bestehende Relevanz kämpfen müssen. Sie stellen ein zentrales Element von Demokratien und ihrer Verankerung in der Bevölkerung dar (Morlino 2009: 210–211). Gleichzeitig unterliegen sie einem Legitimitäts- und Ansehensverlust, der sowohl der Forderung nach direktdemokratischer Ausweitung von Bürgerbeteiligung als auch nach stärker hierarchischen, autoritären Strukturen politisches Gehör und politischen Raum verschafft und entsprechende Wähler:innen anzieht.

4.4 Vielfältige Formen der politischen Beteiligung

Nun sind Wahlen nicht die einzige Möglichkeit für Bürger:innen, sich in den demokratischen politischen Willensbildungsprozess einzubringen. In den 1970er Jahren entstanden im Zuge des aufkommenden

Wertewandels Forderungen nach einer Ausweitung der Partizipationsmöglichkeiten in der repräsentativen Demokratie. Kaase (1982, 2007) spricht gar von einer »partizipatorischen Revolution« und dem möglichen Ende der Parteien. Für diese Einschätzung entscheidend war die Beobachtung einer Verschiebung der Bürgerinteressen: Während die Bürger:innen früher damit zufrieden waren, sich nur bei Wahlen zu beteiligen, kamen nun verstärkt neue und unkonventionelle Formen der Beteiligung auf (Barnes/Kaase 1979; Stark 2019; Verba et al. 1995; Van Deth 2009). Diese Erweiterung politischer Partizipation resultierte aus der Meinung eines größeren Teils der Bürger:innen, dass aktuelle politische Themen von den herrschenden Eliten und Parteien nicht in hinreichender Weise aufgegriffen wurden (Inglehart 1977). Protestformen wurden erweitert, Spielräume der Beteiligung und des Protestes ausgereizt. Ein eindrucksvolles Beispiel waren die Proteste 1968. Sie legten generationale Differenzen in der Einschätzung eines sinnvollen Lebens in einer Demokratie genauso offen wie die Vorstellung von einer stärker partizipativen Demokratie. Mitverantwortlich für die Proteste waren Veränderungen der sozialen Umwelt und der Wertvorstellungen. Prozesse der Modernisierung förderten die Interessen der Bürger:innen an Selbstentfaltung, Mitbestimmung und Beteiligung und drängten bis in die 1960er Jahre noch dominante Überzeugungen zurück, man müsse sich einer politischen Autorität unterordnen, die wisse, was gut für die Bürger:innen ist (Inglehart 1990; Inglehart/Welzel 2005). Gerade die Abwendung von der Autoritätsgläubigkeit, die sich z. B. in der Bedeutung des Erziehungswerts Gehorsam ausdrückt, entlud sich in manifesten Konflikten, auch auf den Straßen verschiedener europäischer Länder oder in den USA (Huntington 1968).

Spricht man von *politischer Partizipation*, dann beschäftigt man sich per Definition mit allen »Aktivitäten von Bürger:innen, mit dem Ziel politische Entscheidungen zu beeinflussen« (Van Deth 2009: 141; Verba et al. 1995; Milbrath/Goal 1977). Die Formen politischer Partizipation werden nach verschiedenen theoretischen Annahmen unterteilt (▶ Abb. 4.1). Zum einen wird zwischen *konventioneller und unkonventioneller politischer Partizipation* unterschieden. Beiden Formen kann man ggf. noch systemverändernde Partizipation zur Seite stellen. Während konventionelle Partizipation klassische Staatsbürgerpflichten wie z. B. die Beteiligung an

Wahlen und Abstimmungen beinhaltet, steht z. B. die Teilnahme an Boykotten oder Demonstrationen für unkonventionelle Partizipation.

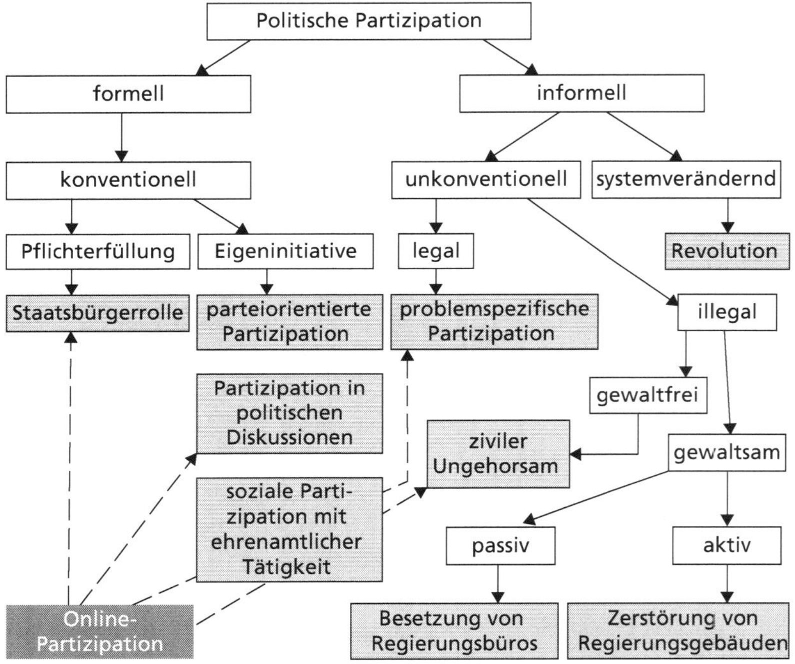

Abb. 4.1: Formen politischer Partizipation. Quelle: S. Pickel 2012: 43 (auch Stark 2019: 88).

Diese Unterscheidung ist in den letzten Jahrzehnten undeutlich geworden. Viele ehemals unkonventionelle Beteiligungsformen wie z. B. die Teilnahme an einer (politischen) Demonstration haben sich mittlerweile zu konventionellen Partizipationsformen gewandelt. So geben 70 % der Bundesbürger:innen an, schon einmal einer genehmigten Demonstration teilgenommen zu haben – oder sich dies zumindest vorstellen zu können. Das Initiieren oder Unterzeichnen von Petitionen gehört seit der Einführung von Online-Petitionen schon fast zum politischen Alltag und wird als wichtiges Instrument der politischen Teilnahme angesehen. Eine weitere Unterscheidung besteht zwischen *legalen und illegalen Formen* der politischen Partizipation und eine dritte zwischen *gewaltvoller* (wie z. B. Sachbeschädigungen) und *nicht gewaltvoller* Partizipation. Die zuletzt genannte Unterscheidung ist besonders für die unkonventionellen Formen der Partizipation hilfreich. Gewaltfreie Formen können ihren Ausdruck in zivilem Ungehorsam, aber auch weitreichenden politischen Aktionen erfahren.

In der politischen Praxis erstreckt sich unkonventionelle politische Partizipation heute von offiziell angemeldeten Demonstrationen wie *Fridays for Future* über ungenehmigte Demonstrationen, Unterschriftenaktionen und Straßenblockaden (z. B. *Last Generation*) bis hin zur Beschädigung von Autos von Abgeordneten oder der Bedrohung von Politiker:innen. In dieser großen Bandbreite an politischer Partizipation können spezifische Kombinationen von Partizipationstypen entstehen wie z. B. ungenehmigte Demonstrationen, die man in Deutschland mittlerweile teilweise schon als relativ konventionell, aber immer noch illegal einstufen muss.

Eine politische Beteiligung wird gefährlich für die Demokratie, wenn sie auf eine *Systemveränderung* hinarbeitet. Diese Form politischer Partizipation kann bis zur Revolution führen. Solche Protestformen politischer Beteiligung finden sich in Demokratien meist im extremistischen Spektrum. Dabei gilt es zu beachten, dass sich Anhänger:innen der Demokratie die gleichen Formen systemverändernder politischer Partizipation in Autokratien wünschen, denn sie können eine Transition zur Demokratie auslösen.

Doch nicht nur der Gang auf die Straße ist politische Partizipation. Mit der Ausweitung der Digitalisierung kommt die Unterscheidung zwischen *Offline- und Online-Partizipation* hinzu. Hier ist es die Form, die für die Bewertung und Typisierung der Partizipation entscheidend ist. Zum Unterschied in der Partizipations*form* kommen unterschiedliche Denkmuster über Partizipation und eine *Veränderung im Zugang zur Partizipation*. Die Teilnahmemöglichkeit an Petitionen hat sich mit der Möglichkeit, sie online auf den Weg zu bringen– wie z. B. bei *open-petition* –, massiv erhöht. Außerdem beteiligen sich mehr Bürger:innen an Online-Petitionen, weil der Zugang niederschwelliger ist. An dieser Stelle ist ein Übergang von einer bislang hohen Teilnahmebereitschaft zur einer realen Teilnahme zu beobachten. Auch die mit dem Internet gegebenen Organisationsmöglichkeiten der Offline-Partizipation sind beachtlich. *Flash-Mobs* oder Absprachen zu spontanen Demonstrationen oder Gegendemonstrationen sind heute an der Tagesordnung und haben zu einer *höheren Flexibilität* und *größeren Unberechenbarkeit* von politischer Partizipation geführt. Diese Flexibilisierung hat Auswirkungen auf die Demokratie. Die Bürger:innen können sich deutlich schneller und leichter abstimmen und politisch beteiligen. Regierungsentscheidungen können so zeitnah in Frage gestellt, Protest kann in beachtlichem Umfang zügig mobilisiert werden. Die Wirkungen sind gerade in der Entstehungsphase von Demokratien hochrelevant. Wie wären z. B. die demokratischen Bewegungen im Zuge der *Arabellion* vorstellbar gewesen, wenn nicht die Möglichkeit bestanden hätte, Bilder zu verbreiten, sich via Handy zu organisieren und zu Demonstrationen aufzurufen? Allerdings können diese Mobilisierungschancen auch von antidemokratischen und extremistischen Kräften genutzt oder unterlaufen und für die Stabilisierung autokratischer Herrschaft vereinnahmt werden.

Entsprechend wird in der gegenwärtigen politischen Partizipationsforschung die Bereitschaft, *neue Formen*, auch online-Formen der politischen Partizipation auszuüben, als wichtig für eine Demokratie erachtet. In Zeiten abnehmender Wahlbeteiligung kann sich die politische Partizipation der Bürger:innen hin zu neuen Formen der Beteiligung verlagern. Politische Partizipation ist heute vielfältiger geworden. Teocharis und van Deth (2018: 140–141) erarbeiten in einer empirischen Analyse eine Aufteilung in sechs *Dimensionen politischer Partizipation*, die sich nach dem Verhalten der Bürger:innen unterscheiden: (1) Wählen, (2) institutionalisierte Partizipation, (3) zivilgesellschaftliche Beteiligung (*civic participation*), (4) Protest, (5) konsumorientierte Partizipation und (6) digital organisierte Netzwerkpartizipation (auch Stark 2019).

Empirisch zeigt sich Interessantes: Entgegen mancher öffentlicher Aussagen ist die politische Partizipationsbereitschaft der Bundesbürger:innen in den letzten Jahrzehnten relativ konstant geblieben, wenn es auch Verschiebungen zwischen den gewählten Formen gibt (Steinbrecher 2009; Stark 2019; Holtmann 2019). Während die Wahlbeteiligung – trotz eines in Deutschland immer noch sehr hohen Niveaus – kontinuierlich abnahm, die Mitgliederzahlen der politischen Parteien schrumpften und traditionelle unkonventionelle Formen der politischen Partizipation leicht zurückgingen, wurden andere Wege der politischen Partizipation immer häufiger gewählt (Jaeck 2019: 50–55). So wie sich fast 60 % der Bürger:innen an Petitionen (nun oft online) beteiligten, nehmen mehr Bürger:innen an genehmigten sowie ungenehmigten Demonstrationen teil. Themenspezifische Beteiligungsformen wie z. B. Demonstrationen gegen Stromtrassen, gegen und für Migrant:innen oder Agrarproteste nehmen zu. Illegale oder gewaltvolle Partizipation bleibt dagegen weitgehend verpönt und einer kleinen Gruppe von Bürger:innen überlassen (Stark 2019: 192–198, 224).

Diese Entwicklung gilt nicht für alle Länder Europas oder gar der Welt. Faktoren für eine geringere Bürgerbeteiligung sind neben autoritärer Unterdrückung, die in defekten Demokratien oder hybriden Regimen verbreitet ist, struktureller und kultureller Art. Der entscheidende strukturelle Faktor für oder gegen politische Partizipation ist die Möglichkeit dazu, sie umzusetzen, oder ganz einfach ausgedrückt: der Faktor *Zeit* (Verba et al. 2015). Im Ländervergleich finden sich die höchsten Raten politischer Partizipation in den Ländern, die über einen hohen Wohlstand verfügen. Sie ermöglichen ihren Bürger:innen mehr Freizeit, die diese für Partizipation und Engagement nutzen können, was sie auch tun. Das Signal, dass sich die Politiker:innen in einem Land mehr Bürgerbeteiligung wünschen, sowie eine für Beteiligung ausgelegte Organisiertheit der Zivilgesellschaft stellen ebenfalls positive strukturelle Bedingungen dar. Auf der kulturellen Ebene stellt sich die Frage, ob eine Beteiligungs- und/oder Protestkultur vorherrscht, Kenntnisse über Partizipationsrechte verbreitet sind oder ob man durch politische Beteiligung mehr Nach- als Vorteile befürchten muss. Hier überscheiden sich modernisierungsbedingte Beteiligungsanreize durch mehr Freizeit mit einem Wertewandel hin zu mehr Selbstverwirklichung und Beteiligung.

Aus der Perspektive der *Sozialstruktur* betrachtet, sind verschiedene Partizipationsformen bestimmten sozialen Gruppen vorbehalten oder dort zumindest häufiger zu finden. Junge Menschen, besonders diejenigen mit höherer Bildung, demonstrieren weitaus häufiger als ihre Mitbürger:innen mit niedrigerer Bildung. Junge Menschen sind auch online aktiver als ältere Menschen. Sie besitzen sowohl den notwendigen Kenntnisstand als auch das Selbstvertrauen für eine entsprechende Partizipation. Ältere Menschen und Menschen in prekären Lebenslagen finden dagegen selten den Weg zu einer Demonstration, einem Boykott und engagieren sich nur selten aktiv (und nicht nur unterzeichnend) in einer Unterschriftenaktion. Ihre Interessen sind auf in der Bedürfnispyramide nach Maslow vorrangige Bedürfnisse ausgerichtet – wie Arbeit oder ein Dach über dem Kopf. Diese sozialstrukturelle Verteilung ist bedeutsam für die Demokratie: *Unkonventionelle Formen der politischen Partizipation können als wichtige demokratische Ausdrucksform der Jugend und der nachwachsenden Generationen* gelten. Sie machen unter dem Eindruck eines wenig flexiblen politischen Systems, das meistens von älteren Menschen geleitet wird, auf neue, moderne und aktuelle Probleme und Themen aufmerksam. Zugleich verstärken jedoch aktive Formen der politischen Partizipation die soziale Ungleichheit, da gebildete und privilegierte Gruppen sich überdurchschnittlich häufig politisch beteiligen (können).

Damit sind zwei Erklärungsmodelle politischer Partizipation angesprochen: zum einen die Beteiligungsmöglichkeiten entlang biografischer und sozialstruktureller Gegebenheiten, zum anderen der Einfluss modernisierungstheoretischer Aspekte. Daneben existieren nutzenorientierte und psychologische Ansätze der Erklärung politischer Partizipation. Für letzteres zu nennen ist der Ansatz der *politischen Entfremdung*. Er geht davon aus, dass bei zunehmender Entfremdung von der aktuellen Politik, und vielleicht auch dem politischen System, gewaltvolle und illegale Protestformen zunehmen.

Derzeit am prominentesten ist das *Civic Voluntarism* Modell (Verba et al. 1995), das verschiedene Erklärungsansätze kombiniert. Es verbindet die Faktoren (1) der Fähigkeiten und Möglichkeiten zum politischen Engagement mit (2) den sie umgebenden, zum Engagement motivierenden Faktoren (des Angefragt-Werdens) und (3) der Eigenmotivation eines politischen Interesses (Gabriel 2019: 151). Vereinfacht ausgedrückt, kann man von einem *Können*, *Wollen* und *Dürfen* sprechen. In einer Demokratie bedeutet dies: Politische Partizipation ist etwas, dessen Gelegenheitsstruktur von einer Regierung bereitgestellt werden muss, aber häufig eine Reaktion auf deren Mängel ist. Wann sich politische Partizipation im Sinne einer zivilgesellschaftlichen Beteiligung stützend für das demokratische politische System auswirkt und wann die Demokratie durch politische Partizipation bedroht oder gefährdet wird, hängt von den gewählten Formen der politischen Beteiligung, aber auch ihrer ideologischen Ausrichtung ab.

4.5 Fazit – Von der Parteiendemokratie zur Demokratie der Bürger:innen?

In diesem Kapitel wurden die Beteiligungskonzepte der Demokratie behandelt. Auch wenn Partizipation ein zentraler Bestandteil von Demokratie ist, bleiben Fragen der Effizienz demokratischer Herrschaft und der Umsetzung der für die Demokratie fundamentalen Beteiligungsrechte offen. Neben den für die Anerkennung als Demokratie notwendigen freien und fairen Wahlen existiert eine Vielzahl an Beteiligungsmöglichkeiten. Nicht alle werden in gleicher Weise genutzt und nicht alle sind der Demokratie immer und grundsätzlich zuträglich. So können unkonventionelle Formen politischer Partizipation Demokratien voranbringen, illegale Formen wie Gewalt gegen staatliche Einrichtungen und andere Menschen können Ausgangspunkt für die Beschränkung oder gar die Delegitimierung von Demokratien sein. Politische Beteiligung kann neben ihrer Formenvielfalt sowohl als Bereitschaft, an der Demokratie mitzuwirken, als auch als Gradmesser für die Unzufriedenheit mit politischen Entscheidungen verstanden werden.

Dabei kommen bei diesen Meinungsäußerungen und politischen Verhaltensweisen emotionale wie strategische Aspekte zum Tragen. Partizipation oder bewusste Nichtpartizipation (Hirschman 1970) sind Ausdrucksformen der Bürger:innen in einer Demokratie, die ihren Unmut, ihre Zufriedenheit oder aber auch Demokratiedistanz sichtbar machen können. Teilweise dienen sie als Hinweise auf Problemlagen des demokratischen Systems. Politische Partizipation geht in der spätmodernen Demokratie mittlerweile weit über Proteste und Wahlverhalten hinaus.

Es finden sich mehr und mehr alternative Formen der Beteiligung in der Zivilgesellschaft. Besonders die enorm erweiterten Möglichkeiten der Online-Partizipation lassen Online-Petitionen und soziale Vernetzung über digitale Netzwerke immer stärker an die Seite von klassischer konventioneller wie unkonventioneller politischer Partizipation treten (Gabriel 2019). Teilweise verbinden sich die Formen, erfolgt doch der Aufruf zu einer Spontandemonstration genauso über digitale Netzwerke wie der Aufruf zu einem Boykott von Waren aus Kriegsländern. Auch die zivilgesellschaftliche Organisation und Ausbildung von Empowerment profitiert von den Online-Möglichkeiten, denn die Zivilgesellschaft ist in ihrer Relevanz als »Kitt der Gesellschaft« oder als »Schule der Demokratie« ist nicht zu unterschätzen. Im folgenden Kapitel wird sie deshalb im Hinblick auf ihre brückenbildende oder rein nach innen bindende Wirkung betrachtet.

Es ist eindeutig, dass Demokratien keineswegs alleine aus Wahlen und Wahlbeteiligung bestehen. Sicher ist aber auch, dass politische Systeme ohne freie und faire Beteiligungsformen keine Demokratien sind. Demokratien erfordern das aktive Mitwirken der Bürger:innen, selbst wenn dies Politiker:innen gelegentlich unangenehm oder lästig werden kann. Möglicherweise hat der Eindruck, den Volksvertreter:innen lästig zu sein, zu einer Distanz zwischen Politiker:innen und Bürger:innen geführt, die das Image der Parteien beschädigte, nachdem diese über ein Jahrhundert lang die Interessen der Bürger:innen mehr oder minder erfolgreich vertreten hatten. In der Gegenwart wandelt sich die über Parteien vermittelte Beteiligung der Bürger:innen in der repräsentativen Demokratie langsam, aber stetig in eine durch direkte Beteiligung und Konsultation geprägte Form, die allerdings immer noch eine repräsentative Demokratie bleibt. Formen politischer Beteiligung, die noch vor Jahrzehnten als unstatthaft und illegitim gebrandmarkt wurden, sind heute fast schon als konventionell anzusehen. Unter dem Gesichtspunkt steigender Wünsche nach Deliberation kommt der Partizipation an Politik und Gesellschaft die prägende Rolle für die Fortentwicklung der Demokratie zu, ohne dass Wahlen und Parteien bereits als »auslaufendes Modell« behandelt werden sollten.

Weiterführende Literatur

Barnes, Samuel/Kaase, Max/Allerbeck, Klaus/Farah, Barbara/Heunks, Felix/Inglehart, Ronald/Jennings, Kent/Klingemann, Hans-Dieter/Marsh, Alan/Rosenmayer, Leopold (Hrsg.) (1979): *Political Action. Mass Participation in Five Western Democracies*. Beverly Hills: Sage.

Hirschman, Albert O. (1970): *Exit, Voice, and Loyalty. Responses to Decline in Firms, Organizations, and States*. Cambridge: Harvard University Press.

Hoecker, Beate (Hrsg.) (2006): *Politische Partizipation zwischen Konvention und Protest. Eine studienorientierte Einführung*. Opladen: Barbara Budrich.

Holtmann, Everhard (2019): *Die Umdeutung der Demokratie. Politische Partizipation in Ost- und Westdeutschland*. Frankfurt/Main: Campus.

Inglehart, Ronald (1977): *The Silent Revolution*. Princeton: Princeton University Press.

Kaase, Max (2007): Perspectives on Political Participation. In: Dalton, Russell/Klingemann, Hans-Dieter (Hrsg.): *The Oxford Handbook of Political Behavior*. Oxford: Oxford University Press: 783–798.

Lipset, Seymour M./Rokkan, Stein (1967): *Party Systems and Voter Alignments: Cross-National Perspectives*. New York: Free Press.

Lipset, Seymour M. (1981): *Political Man*. Baltimore: Johns Hopkins University Press.

Milbrath, Lester W. (1972): *Political Participation. How and Why Do People Get Involved in Politics?* Chicago: Rand McNally.

Morlino, Leonardo (2009). Political Parties. In: Haerpfer, Christian/Bernhagen, Patrick/Inglehart, Ronald/Welzel, Christian (Hrsg.): *Democratization*. Oxford: Oxford University Press: 201–218.

Nohlen, Dieter (2014): *Wahlrecht und Parteiensystem. Zur Theorie und Empirie der Wahlsysteme*. Bonn: Bundeszentrale für Politische Bildung.

Norris, Pippa (2002): *Count Every Voice. Democratic Participation Worldwide*. New York: Cambridge University Press.

Stark, Toralf (2019): *Demokratische Bürgerbeteiligung außerhalb des Wahllokals*. Wiesbaden: Springer VS.

Steinbrecher, Markus (2009): *Politische Partizipation in Deutschland*. Baden-Baden: Nomos.

Theocharis, Yannis/Van Deth, Jan W. (2018): The Continuous Expansion of Citizen Participation. A New Taxonomy. In: *European Political Science Review* 10/1: 139–163.

Van Deth, Jan (2009): Politische Partizipation. In: Kaina, Viktoria/Römmele, Andrea (Hrsg.): *Politische Soziologie*. Wiesbaden: VS Verlag: 141–161.

Verba, Sidney/Schlozman, Kay Lehman/Brady, Henry (1995): *Voice and Equality. Civic Voluntarism in American Politics*. Cambridge: Harvard University Press.

5 Sozialkapital und gesellschaftlicher Zusammenhalt

5.1 Der Kitt der Demokratie?

Eine zivilgesellschaftliche Sicht auf Demokratie beschreibt der Ansatz des *Sozialkapitals* von Robert Putnam (Freitag 2014: 14–15; Putnam 1993, 2000; Field 2003; Westle/Gabriel 2008). Putnam schließt an Überlegungen von Lyda Hanifan (1916) und Alexis de Tocqueville (1986) an, die Vereine und Versammlungen als Ausgangspunkt demokratischer Vergemeinschaftung sehen. Putnam geht davon aus, dass »die Funktionsfähigkeit der Demokratie von der Vitalität des Vereinslebens abhängig ist« (Kriesi 2007: 28). Putnams Kernthese ist, dass die freiwillige Organisation von Bürger:innen in Vereinen und sozialen Netzwerken dazu beiträgt, (generalisiertes) Vertrauen zwischen Menschen aufzubauen. Diese Kombination aus Vertrauen und Engagement nennt er Sozialkapital. Sozialkapital fördert seiner Ansicht nach mittel- bis langfristig auch das Vertrauen in Politik und demokratische Institutionen. Es erweist sich somit als *Pushfaktor* der Demokratie und trägt zum gesellschaftlichen Zusammenhalt bei (G. Pickel/S. Pickel 2020, 2021: 114–116). Diese Leistung ist nicht zu unterschätzen, unterliegen doch moderne westliche Demokratien einem Hang zum Individualismus und zur Individualisierung (Beck 1984), wenn nicht gar zur Singularisierung (Reckwitz 2017), die die Integrationskraft der Gemeinschaft beeinträchtigen (G. Pickel/S. Pickel 2020: 2). Durch seine Betonung zivilgesellschaftlichen Engagements als Basis einer weiterentwickelten Demokratie und als Ausgangspunkt von generalisiertem sozialem Vertrauen erweitert Putnam die Sicht auf Demokratie, die zuvor auf politische Partizipation oder politische Steuerung durch gewählte Eliten fokussiert war, um das Element der aktiven pluralen Bürgergesellschaft.

Wie kam er zu seinen Annahmen? Ausgehend vom räumlich massiv unterschiedlichen Implementierungserfolg einer Kommunalreform in Italien kommt Putnam in seinem Buch *Making Democracy Work* (1993) zu der Erkenntnis, dass der in Norditalien höhere Grad an Verbands- und Vereinstätigkeit (also sozialer Organisation) den demokratischen Erfolg der staatlichen Reformbemühungen unterstützt. Die Vereinstätigkeit fördere eine »civic community« (Netzwerke zivilen Engagements), die in Süditalien so nicht besteht (Putnam 1993: 86–88). Sie zeichnet sich durch die Ausbildung sozialen – und in der Folge auch politischen – Vertrauens aus. Zwar kam Putnam in seinem nächsten Werk *Bowling Alone* (2000) aufgrund von Analysen in den USA zu einer stärker pessimistischen Einschätzung der Entwicklung des Sozialkapitals in modernen (westlichen) Gesellschaften mit hohem Pluralisierungs-, Individualisierungs- und Medialisierungsgrad,[14] gleichzeitig bestätigte sich aus seiner Sicht die hohe Relevanz zivilgesellschaftlichen – und auf den ersten Blick politikfernen – Engagements der Bürger:innen (Putnam/Campbell 2010). Empirische Befunde der Sozialkapitalforschung ergaben in Europa hingegen eine Zunahme des Sozialkapitals und zivilgesellschaftlichen Engagements und deuten darauf hin, dass die Ausbreitung von Zivilgesellschaft eng mit Modernisierungsfortschritten verbunden ist, seien es nun zunehmende normative Ansprüche an die Gesellschaft im Sinne von Beteiligung, gewonnene Freiheiten, die sich in Beteiligung umsetzen, oder einfache Zeitgewinne, welche überhaupt eine nicht finanziell entlohnte Aktivität ermöglichen (Ackermann/Freitag 2016: 276–278; Gladkich/Pickel 2013). Damit finden sich ähnliche Entwicklungen wie bei der Verschiebung der politischen Partizipationsformen.

---

14 Für den Verlust an sozialem Vertrauen sind Medien und ihre immer stärkere Ausbreitung verantwortlich, entfremden sie Individuen doch vermehrt von einer Teilhabe an sozialen Aktivitäten in der Gesellschaft. Dieser Rückzug zieht eine kontinuierliche Abnahme von Sozialkontakten nach sich und ist an einer absinkenden aktiven Mitgliedschaft in Vereinen und gemeinnützigen Verbänden statistisch abzulesen. Digitale Formen der sozialen Vernetzung werden von Putnam dabei nicht als gleichwertig zu *Face-to-Face*-Beziehungen angesehen, höchstens als Anbahnung von *Face-to-Face*-Kontakten.

5.2 Das Konzept des Sozialkapitals

Für die Ausbildung von Sozialkapital nennt Putnam vier zentrale Aspekte:

1. *Zivilgesellschaftliche Beteiligung* von Bürger:innen,
2. die Verinnerlichung der *Norm der Reziprozität* in sozialen Gruppen als Ausgangsmechanismus der Vertrauensproduktion,
3. die Produktion von *sozialem Vertrauen* zwischen Gruppenmitgliedern aufgrund dieses Mechanismus und
4. die *Ausweitung* dieses aus Erfahrungen gewonnenen Vertrauens auf andere Mitglieder einer Gemeinschaft oder Gesellschaft.

Zentrale Prämissen für das erfolgreiche Funktionieren dieses Prozesses sind die strikte individuelle *Freiwilligkeit* der Beteiligung sowie die Voraussetzung von *Face-to-Face*-Gemeinschaften (Franzen/Freitag 2007). Diese Annahme ist vor dem Hintergrund der Ausweitung von digitalen sozialen Medien bedeutsam: Während soziale Netzwerke im Internet kaum in der Lage sind, engere Beziehungen und interpersonales Vertrauen zu schaffen, ist dies bei persönlichen Kontakten deutlich anders. Fakt ist: Allein direkte, persönliche Kontakte zwischen Menschen erzeugen Sozialkapital. Die Demokratie profitiert im Sozialkapitalansatz vom Vertrauen zwischen Mitmenschen, auch als soziales Vertrauen oder *interpersonales Vertrauen* bezeichnet.

Letzteres entsteht in sich wiederholenden Kontakten und aus positiven Erfahrungen mit Personen oder Institutionen. Diese positiven Erfahrungen verleiten das Individuum zu eigener Kooperation und der Einübung der *Norm der Reziprozität* oder Gegenseitigkeit. Während den Handlungen entwickeln sich zwischen zwei Personen wechselseitige moralische Verpflichtungen. Vertrauen entsteht auf der Seite des Gebers *und* auf der Seite des Empfängers von Transaktionen. Ein Beispiel zur Veranschaulichung: Wenn Person A Person B ein Buch leiht, übernimmt Person B die Verpflichtung, es wieder zurückzugeben. Gleichzeitig besteht bei Person A die Erwartung, dass Person B ihr in einem anderen Fall entgegenkommt – z. B. ihrerseits ein Buch ausleiht. Gibt

Person B nun das Buch wie vereinbart zurück, entsteht ein Gefühl des *wechselseitigen Vertrauens*. Person A hat den Eindruck, dass sie Person B vertrauen kann, dass sie ihre Bücher und vielleicht auch andere Güter zurückbekommt (G. Pickel/S. Pickel 2020: 4–8). Person B weiß nun, dass Person A ihr etwas leihen wird, und vermutet, dass sie im umgekehrten Fall ihre Leihgabe zurückbekommt, sollte sie einmal A etwas leihen. Dieses Vertrauen wird mit weiteren Aktivitäten vertieft – und im besten Falle auf weitere Gruppenmitglieder übertragen.

An dem Beispiel wird deutlich, warum Vereine, Verbände und soziale Netzwerke für Putnam eine so wichtige Rolle spielen – sie sind ein Platz für Vertrauen bildende Erfahrungen. Sie bilden die *Gelegenheitsstruktur* für die Pflege von Kontakten und einen langfristig erfolgreichen Vertrauensaufbau. Als Gelegenheitsstrukturen werden in der Sozialkapitaltheorie sowohl Orte verstanden, wo man *Face-to-Face*-Kontakte pflegen kann, wie auch Personen, die andere Menschen miteinander vernetzen. Ein Beispiel für gute Gelegenheitsstrukturen und Vernetzungsstrukturen sind Kirchengemeinden, ein anderes die Feuerwehr. Es ist die Kombination eines freiwilligen Zugangs mit attraktiven Gelegenheitsstrukturen, die zur Ausbreitung von Sozialkapital beiträgt. Sei es der Bibelkreis, der Sportverein, die Mitarbeit an einer Tafel oder der gemeinsame Filmabend, in allen Fällen wird Vergemeinschaftung erzeugt und die Chance auf Kontakte eröffnet.

Nun handelt es sich im ersten Schritt nur um Vertrauen innerhalb der Gemeinschaft und zwischen ihren Mitgliedern. In einem letzten Schritt erfolgt nach Putnam ein Übertrag dieses Vertrauens in Form einer generellen Offenheit gegenüber anderen Mitgliedern der Gesellschaft, es entsteht also *generalisiertes interpersonales Vertrauen*.[15] Auf einfacher Ebene kann man es mit Toleranzbereitschaft vergleichen. Schlicht gesagt: Wenn die Menschen, mit denen ich wiederholt persönlich zu tun habe, in der Gruppe verträglich und ungefährlich sind, dann kann ich dies auch erst einmal für andere Mitglieder meiner Gesellschaft annehmen. Als Konse-

15 Ackermann und Freitag (2016: 272–273) unterscheiden strategische Reziprozität, bei der das kooperative Verhalten direkt mit der Hoffnung auf eine Gegenleistung verbunden wird, und altruistische Reziprozität, bei der die internalisierte Norm für sich wirkt.

quenz trete ich anderen Menschen in Erstbegegnungen nicht ablehnend, sondern offen entgegen und lasse konkrete Erfahrungen zu. Diese Mischung aus Engagement und sozialem Vertrauen wird von Putnam und anderen Kolleg:innen oft als *Kitt der Gesellschaft* bezeichnet. Er hält Menschen und Bürger:innen in einer Demokratie bei noch so hoher Individualisierung und unterschiedlichen Interessenlagen zusammen.

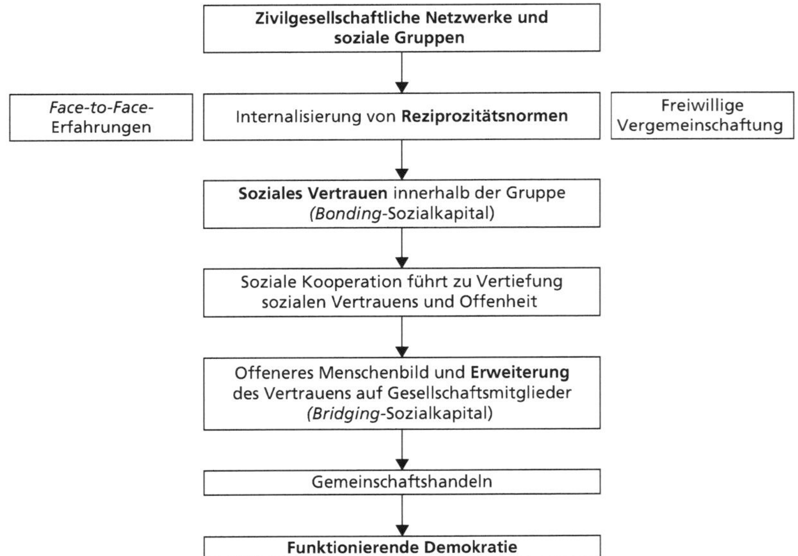

Abb. 5.1: Adaption des Wirkmodells Robert Putnams (Quelle: eigene Zusammenstellung nach Kriesi 2007: 28).

Gerade der Übertrag auf die Gesellschaftsmitglieder ist nicht unumstritten (Newton 1999; Wuthnow 2005). So wird die Frage gestellt, warum der Zusammenhalt nicht auf die spezifische Identitätsgruppen und ihre Mitglieder beschränkt bleiben soll. Dieses *Bonding*-Sozialkapital entwickelt sich innerhalb der sozialen Gruppen und geht laut Putnam einem weiterreichenden Vertrauen voraus. In Abweichung von Putnam gehen Kritiker:innen jedoch davon aus, dass die Innergruppenbeziehung kein sogenanntes *Bridging*-Sozialkapital schafft. *Bridging*-Sozialkapital verbindet die Gesellschaft oder große Teile im Vertrauen und ist dem Zusammenleben in einer Gesellschaft in erheblichem Umfang förderlich. Da die Ausbildung einer Intergruppenidentität die Abgrenzung von anderen Gruppen mit sich bringen kann, ist *Bonding*-Sozialkapital allein für die gesellschaftliche Integration in einer Demokratie nicht hilfreich. Während *Bridging*-Sozialkapital Verbindungen zwischen unterschiedlichen sozialen, kulturellen, ethnischen und religiösen Gruppen schafft und stärkt, führt *Bonding*-Sozialkapital teils sogar zu Konflikten. Es kommt zu Abgrenzung und zu Intergruppenkonflikten. Zudem können sich Gruppen mit demokratiefeindlichen Zielen bilden. Entsprechend wird von Kritiker:innen des Sozialkapitalansatzes immer wieder auf die *»dunklen Seite« des Sozialkapitals* hingewiesen, die für Demokratien schädliche Identitätskonflikte und Risiken des Klientelismus erzeugen kann (Ackermann/Freitag 2016: 280; G. Pickel/S. Pickel 2018; Portes 1998; Putnam/Campbell 2010).

Auch die Annahme, dass zivilgesellschaftliche Engagementnetzwerke generell die Funktionsfähigkeit der Demokratie stützen, wird kritisch hinterfragt. So nimmt Putnam an, dass die Verteilung *ziviler Tugenden* (»civil virtues«) für Unterschiede zwischen Regionen in der Entwicklung und Performanz der Demokratie verantwortlich ist. Vereine und Verbände sind unter diesem Blickwinkel *Schulen der Demokratie*, lernen die Bürger:innen doch, sich dort demokratisch zu verhalten und Probleme politischer Steuerung in Demokratien besser zu verstehen (Kriesi 2007: 29). Empirische Analysen hinsichtlich dieses Zusammenhangs sind ambivalent (Newton 1999: 180–183). Meist findet sich aber eine – wenn auch moderate – positive Wirkung von sozialem Engagement und interpersonalem Vertrauen auf politisches Vertrauen, größere Offenheit gegenüber Fremdgruppen, geringere Vorurteilsbelastung gegenüber anderen Gruppen und Anerkennung der Legitimität der Demokratie (Braun/Schmitt 2009).

Auch in Modellen der *Toleranzforschung* (Rapp 2014) oder der *Vorurteilsforschung* (Decker/Brähler 2018, 2020) reduziert soziales Vertrauen Vorurteile und fördert die Toleranz gegenüber andern Gruppen in der Gesellschaft (G. Pickel/S. Pickel/Yendell 2020). Ebenfalls zu beobachten sind Effekte zwischen religiöser Vergemeinschaftung und der Verbreitung von Sozialkapital. So scheinen Kirchenmitglieder ein höheres soziales Vertrauen zu besitzen, bei gleichzeitig höherem sozialem Engagement, als Nichtmitglieder (G. Pickel 2015; Roßteutscher 2009). Dies manifestiert sich exemplarisch in einem hohen Sozialvertrauen bei Besucher:innen der Kirchentage, also überwiegend zivilgesellschaftlich Engagierten (G. Pickel/Jaeckel/Yendell 2015). Auch jüngere Personen und Menschen in den mehr freie Zeit bereitstellenden modernen Wohlfahrtsstaaten weisen ein höheres Sozialkapital auf als ältere Menschen und Bürger:innen von ökonomisch schwachen Demokratien. Gerade aus dem letzten Befund lässt sich eine Wechselwirkung zwischen ökonomischem Erfolg, zivilgesellschaftlichem Engagement und Demokratieunterstützung herleiten: Je höher der sozioökonomische Modernisierungsgrad einer Gesellschaft, desto häufiger engagieren sich Bürger:innen zivilgesellschaftlich – und stützen dadurch eine Demokratie der Bürger:innen.

Insgesamt entwickeln sich soziale Netzwerke und soziales Engagement zu Kernelementen einer modernen Demokratie. Sie lassen eine Demokratie überhaupt erst zu einer Zivilgesellschaft werden. Die Vereine und sozialen Vernetzungen wirken als »Schulen der Demokratie« und als »Kitt der Gesellschaft«. Dabei prägen sie bei vielen Bürger:innen das Verständnis einer auf Beteiligung und Mitwirkung beruhenden Demokratie. Dabei reichen auch sogenannte *weak ties*, schwache Vernetzungen, aus, etwas zu bewirken (Granoveter 1973: 1362–1369). Diese Ressource ernst zu nehmen, fiel lange Zeit Politiker:innen jenseits von Weihnachtsansprachen nicht leicht, beinhaltet diese Form des zivilgesellschaftlichen Engagements doch individuelle Freiheit und Entscheidungsfreiheit sowie gelegentlich eine kritische Positionierung und Hinterfragung politischer Leitlinien. So wie Sozialkapital eine zentrale Ressource für eine demokratische politische Gemeinschaft darstellt, ist das zivilgesellschaftliche Engagement ihrer Bürger:innen Kernbestandteil jeglicher Demokratie, die ihren Namen wert sein will.

5.3 Gesellschaftlicher Zusammenhalt: neues Modewort oder Perspektive?

Hört man seit 2015 politische Debatten, so scheint ein Wort nicht fehlen zu können – *gesellschaftlicher Zusammenhalt.*[16] Die aktuelle Inflation des Begriffs ist vor allem damit zu erklären, dass dieser Zusammenhalt offenbar heute als gefährdet angesehen wird. Was kann man unter gesellschaftlichem Zusammenhalt verstehen? Trotz einiger Anknüpfungspunkte in der Forschung zu *Social Cohesion* (Stanley 2003) besitzt die Begriffskombination in Deutschland keine wirkliche wissenschaftliche Tradition. Dies führt dazu, dass der Begriff heute als weithin unbestimmt angesehen wird und je nach Belieben und Interesselage der Verwender:innen mit den eigenen Themen und Deutungen gefüllt wird. Teilweise wird fast alles hineindefiniert, was gesellschaftliche Differenzierung, Pluralität und Heterogenität zurückdrängt und Homogenität in der Bevölkerung abbilden könnte. Erst 2020 wurde ein großer Projektrahmen in einem Verbund verschiedener Universitäten zusammengebracht, um als *Forschungsinstitut Gesellschaftlicher Zusammenhalt* diesen zu bestimmen und zu erforschen (Deitelhoff/Groh-Samberg/Middell 2020). Da noch keine konsolidierten und verwendbaren Entscheidungen hinsichtlich eines Begriffs vorliegen, bedarf es der Bestimmung eines Arbeitsbegriffes von gesellschaftlichem Zusammenhalt. Hier kann man zumindest an erste Überlegungen in diese Richtung anschließen (Forst 2020; G. Pickel/S. Pickel 2021; Unzicker 2017).

In ihrem auf Messung von Einstellungen in der Bevölkerung abzielenden Instrumentarium des gesellschaftlichen Zusammenhalts greift die Bertelsmann Stiftung auf unterschiedliche etablierte Konzepte der politischen Kulturforschung und der Sozialkapitalforschung zurück. In der Bertelsmann Studie werden drei Dimensionen des gesellschaftlichen Zusammenhaltes bestimmt: *Soziale Beziehungen*, *soziale Verbundenheit* und *Gemeinwohlorientierung* (Unzicker 2017). Diese Dimensio-

16 Teile der vorgelegten Überlegungen entstanden in der Mitarbeit und Gesprächen am Forschungsinstitut für Gesellschaftlichen Zusammenhalt am Teilstandort Leipzig und im dankenswerterweise vom BMBF geförderten Projekt LEI_F_08.

nen unterteilen sich in verschiedene Aspekte, z. B. das Sozialvertrauen in der Dimension Soziale Beziehungen, Gerechtigkeitsempfinden und Institutionenvertrauen in der Dimension Verbundenheit sowie Solidarität und gesellschaftliche Teilhabe in der Dimension Gemeinwohlorientierung. Selbst wenn die Kombination der eingesetzten Indikatoren in einem übergreifenden Gesamtindex möglicherweise konzeptuell zu weit gefasst wird, können diese Überlegungen als guter Einstieg in eine Erfassung von gesellschaftlichem Zusammenhalt dienen. Denn in den Überlegungen von Bertelsmann wird zumindest als Kern erkennbar: *Gesellschaftlicher Zusammenhalt repräsentiert soziale Beziehungen zwischen Individuen in einer Gesellschaft und ihre Wahrnehmung.* Die Annahme eines gesellschaftlichen Zusammenhalts unterstellt zudem zumindest Grundelemente an *Gemeinsamkeit* unter einer spezifischen Gruppe von Individuen.

Nun stellt sich die Frage, welche Gemeinsamkeiten in einer Gesellschaft notwendig sind, damit sie nicht auseinanderfällt. Aus dem Blickwinkel der soziologischen Systemtheorie, die für die politische Kulturforschung der Ausgangspunkt war, sind Konflikte grundsätzlich erst einmal dysfunktional (Parsons 1954; Luhmann 1984). Ausgehend von einem konflikttheoretischen Interesse kann aber eine gut gepflegte Streitkultur ebenfalls eine Gemeinsamkeit in einer plural gegliederten Demokratie sein. Nun setzt allerdings auch eine Streitkultur bestimmte stabile Faktoren und eine Verständigung über die Spielregeln des Streits voraus (Dahrendorf 1972). Sie benötigt zentrale Elemente der Solidarität und der Gemeinsamkeit. Gerade Konfliktfragen und Diskussionen über Polarisierung hatten ja als Negativfolie die Frage nach dem gesellschaftlichen Zusammenhang überhaupt ausgelöst.

Zusammenhalt muss in einer pluralistischen Gesellschaft also etwas sein, was auf einer übergeordneten Ebene die Gemeinschaftsmitglieder miteinander verbindet. Die Annahme ist dann, dass die Auflösung des gesellschaftlichen Zusammenhaltes eine Deformation der vorherrschenden Demokratie mit sich bringt. Folgerichtig thematisieren Debatten zum Populismus und zum Extremismus das einem fehlenden Zusammenhalt innewohnende Gefahrenpotenzial (Decker/Brähler 2018: 15–40; Heitmeyer 2018: 206–209; Mannewitz et al. 2018; ► Kap. 6.2). Hier entscheidend ist die bewusste Beschränkung der Zugehörigkeit zur Bezugsgruppe, für die gesellschaftlicher Zusammenhalt erwartet oder erhofft wird. Bestimmte Gruppen werden etwa durch Rassismus und Vorurteile aus der Gemeinschaft exkludiert und somit vom Zusammenhalt ausgenommen (▶ Kap. 6.3). Rechtlich und politisch gerahmte Strukturen sind die Abgrenzungseinheiten, welche die Bezugsgruppe der Diskussionen festlegen (G. Pickel/S. Pickel 2020). Da in einer Demokratie ein pluralistisches Staatsvolk die Regel ist, sind eigentlich unterschiedliche soziale Subgruppen der Bevölkerung immer in den Zusammenhalt eingeschlossen. Dies setzt allerdings voraus, dass alle Mitglieder des Staatsvolkes sich zugehörig fühlen und zudem alle anderen Mitglieder als zugehörig akzeptieren. Genau an diesem Punkt zeigen sich derzeit Risse im Zusammenhaltsdenken, werden doch die Entitäten der Bezugsgruppe durchaus unterschiedlich verstanden. Folge sind die bereits genannten Wünsche bestimmter Gruppen nach Exklusionen anderer sozialer Gruppen.

An dieser Stelle ist es sinnvoll, auf die *politische Kulturforschung* zurückzugreifen (Almond/Verba 1963; S. Pickel/G. Pickel 2006; ▶ Kap. 3). In der politischen Kulturforschung werden Einstellungen in Bezug auf einen Staat und eine politische Gemeinschaft thematisiert. Interessant ist hier der verwendete politische Gemeinschaftsbegriff. Er charakterisiert den immanenten Zusammenhalt der Gesellschaft durch das Gefühl der Zugehörigkeit ihrer Mitglieder zu dieser Gesellschaft (Easton 1979; Westle 1999, 2013). *Das Gefühl der Zugehörigkeit zur politischen Gemeinschaft wird als zentral für den Erhalt einer Demokratie angesehen.* Moderne Gesellschaften können zwar hinsichtlich ihrer sozialen Gruppen und Mitglieder plural und heterogen sein, benötigen aber immer einen sie zusammenhaltenden *Grundkonsens*. In einer Demokratie besteht dieser in der gemeinsamen Anerkennung demokratischer Grundprinzipien. Diese Grundprinzipien sind formell in der Verfassung niedergeschrieben. Die Bürger:innen müssen sich mit den dortigen Prämissen identifizieren und den anderen Mitgliedern der Gemeinschaft verbunden fühlen. Entsprechend bildet der auf *Identifikation* zielende Gedanke einer politischen Gemeinschaft in Kombination mit der Anerkennung der Demokratie als geeigneter Staatsform die Grundlage gesellschaftlichen Zusammenhalts in einer Demokratie (G. Pickel/S. Pickel 2020).

Einer der Faktoren des gesellschaftlichen Zusammenhaltes ist das Vertrauen in andere Menschen. Es stellt die Basis für wechselseitige Offenheit und Verbundenheit dar (▶ Kap. 5.2). Einfach gesagt: Ohne Vertrauen zwischen den Mitgliedern einer Gesellschaft ist ein produktives Zusammenleben nicht zu erwarten. Die Ansprüche an den gesellschaftlichen Zusammenhalt kann man auf Handlungen und den Umgang unter Individuen erweitern. Auch hierzu liegt Forschung vor, z. B. zu Solidarität und Gerechtigkeitsvorstellungen. Der Gruppenbezug impliziert allerdings weiterhin das Problem der *Zielgruppe des Zusammenhalts*. Beschränkt eine soziale Gruppe ihren Zusammenhalt auf die eigene Gruppe (»Wir-Gruppe«), so besteht die Gefahr, dass Intergruppendifferenzen und Intergruppenkonflikte (»Fremd-Gruppe«) den gesellschaftlichen Zusammenhalt gefährden. Entsprechend spielen *Exklusions- und Inklusionsprozesse* sowie Gruppenfestlegungen eine große Rolle, will man gesellschaftlichen Zusammenhalt bestimmen. Was genau ist die Bezugsgemeinschaft des Zusammenhalts? In der Regel wird sie strukturell durch ein Staatsgebiet gebildet. Entsprechend bezieht sie sich auf alle, die auf diesem Staatsgebiet als politische Gemeinschaft leben. Genau hier besteht nun auf der Ebene der Identifikation die Möglichkeit der bewussten Exklusion von bestimmten Sozialgruppen und ihren Mitgliedern – und damit ein Gefahrenpotenzial für die Demokratie. So wichtig der gesellschaftliche Zusammenhalt für die Demokratie ist, so wenig darf er als eine homogenisierende Verpflichtung aller Bürger:innen gesehen werden, sich konform zu verhalten. Vielmehr geht es um eine übergeordnete Solidarität und ein Verständnis von Gemeinsinn auf dem Boden gemeinsamer, anerkannter demokratischer Regeln.

5.4 Fazit – Sozialkapital, Solidarität und Zusammenhalt als Brücken der Demokratie

Demokratien benötigen verbindende Elemente, die pluralitätsgeeignet sind. Dazu gehört ein Mindestmaß an Vertrauen und wechselseitiger Toleranz. Hierfür bedarf es Referenzpunkte wie den der Verfassung und einer gewissen Verfassungstreue (Stark et al. 2018). Sie bilden die Grundlage für eine gemeinsame Identifikation mit einer politischen Gemeinschaft bei allen politischen oder anderen Gegensätzen. Entsprechende Vorstellungen werden in jüngster Zeit unter dem Begriff des *gesellschaftlichen Zusammenhaltes* diskutiert. Ziel muss es sein, eine Verbindung, Identifikation und Solidarität unter allen Gemeinschaftsmitgliedern zu erzeugen, die gleichzeitig die Möglichkeit zu Konflikt und Auseinandersetzung auf dem Boden dieser Grundlage zulässt. Zielobjekt ist die politische Gemeinschaft, womit eine Überschneidung dieser – vor allem durch vermeintlich aufgedeckte Gefährdungen des gesellschaftlichen Zusammenhalts ausgelösten – Diskurse zur politischen Kulturforschung besteht. Die politische Gemeinschaft ist dabei nicht als homogener Block zu verstehen, der eine homogenisierende politische Kultur (wie in nationalistisch-völkischen Vorstellungen) nach sich zieht, sondern als verbindendes Element einer pluralistischen und individuale Freiheiten garantierenden politischen Kultur. Wichtige Aspekte sind Toleranz gegenüber Pluralität, ein interpersonales Vertrauen in der Bevölkerung sowie Offenheit für andere Mitglieder der Gesellschaft. Hierzu trägt die Zivilgesellschaft in Form von unterschiedlichen Netzwerken und Vereinen bei.

Damit ist die Verbindung von (freiwilligem) sozialen Engagement und interpersonellem Vertrauen angesprochen. Die Kombination von freiwilligem Engagement und Sozialvertrauen wird politikwissenschaftlich als *Sozialkapital* verstanden. Seine Relevanz als »Kitt der Gesellschaft« oder als »Schule der Demokratie« ist für eine pluralistische Gesellschaft nicht zu unterschätzen. Dabei muss jedoch immer ein genauer Blick darauf geworfen werden, ob sich in den sozialen Gruppen freiwilligen Engagements brückenbildende (*bridging*) oder rein nach innen bindende (*bonding*) Vergemeinschaftungen konstituieren. Nach Putnam sind selbst diese bindenden Elemente nützlich, allerdings beherbergen sie das Risiko von starker Identitätsausbildung und Abgrenzung. Sozialen Netzwerke wohnt damit auch ein Gefahrenpotenzial für die Demokratie inne. Dies kommt dann zum Tragen, wenn sich abgeschottete Gruppen bilden, die allein Eigeninteressen folgen und sich aus dem Diskurs der pluralen Gesellschaft zurückziehen. Mit Blick auf dieses Verständnis einer demokratischen Solidargemeinschaft wird deutlich: Das aktive Mitwirken der Bürger:innen, besonders auf der Ebene der Zivilgesellschaft, stellt einen zentralen Bestandteil moderner Demokratien dar. Gerade unter dem Gesichtspunkt steigender Wünsche nach Deliberation kommt der freiwilligen Beteiligung an Politik und Gesellschaft in naher Zukunft die prägende Rolle für die Fortentwicklung der Demokratie zu. So sind es dann immer häufiger die Bürger:innen, die ihre Gesellschaft gestalten. Und hierfür bedarf es – neben Konflikten und Auseinandersetzungen – verbindender Gemeinsamkeiten, Bezugsobjekte und Vertrauen.

Weiterführende Literatur

Ackermann, Kathrin/Freitag, Markus (2016): Social Capital in der Vergleichenden Politikwissenschaft. In: Lauth, Hans-Joachim/Kneuer, Marianne/Pickel, Gert (Hrsg.): *Handbuch Vergleichende Politikwissenschaft*. Wiesbaden: Springer VS: 271–283.

Freitag, Markus (2014): *Das soziale Kapital der Schweiz.* Zürich: Verlag Neue Zürcher Zeitung.

Hirschman, Albert O. (1970): *Exit, Voice, and Loyalty. Responses to Decline in Firms, Organizations, and States*. Cambridge: Harvard University Press.

Letki, Natalia (2009): Social Capital and Civil Society. In: Haerpfer, Christian/Bernhagen, Patrick/Inglehart, Ronald/Welzel, Christian (Hrsg.): *Democratization*. Oxford: Oxford University Press: 158–171.

Pickel, Susanne/Pickel, Gert (2020): *Politische Kulturforschung. Eine Einführung.* Wiesbaden: Springer VS.

Pickel, Gert/Pickel, Susanne (2021): Gesellschaftlicher Zusammenhalt und die Angst vor seinem Schwund. Analysen zu Existenz, Ursachen und Folgen gesellschaftlichen Zusammenhalts am Beispiel Sachsen. In: Kailitz, Steffen/Pickel, Gert/Decker, Oliver/Röder, Antje/Schulze-Wessel, Julia (Hrsg.): *Sachsen zwischen Integration und Desintegration*. Wiesbaden: Springer VS: 1–15.

Putnam, Robert (2000): *Bowling Alone. The Collapse and Revival of American Community*. New York: Simon & Schuster.

Putnam, Robert/Campbell, David E. (2010): *American Grace. How Religion Divides and Unites Us.* New York: Simon & Schuster.

Koopmans, Ruud/Statham, Paul/Giugni, Marco/Passy, Florence (2005): *Contested Citizenship. Immigration and Diversity in Europe*. Minneapolis: University of Minnesota Press.

Svendsen, Gert T./Svendsen, Gunnar L. H. (2016): *Handbook of Social Capital.* Cheltenham: Edgar Elgar.

Westle, Bettina (1999): *Kollektive Identität im vereinigten Deutschland – Nation und Demokratie in der Wahrnehmung der Deutschen*. Opladen: Leske + Budrich.

Westle, Bettina (2013): Kollektive Identität in Deutschland – Entwicklungen und Zwischenbilanz. In: Keil, Silke/Thaidigsmann, Isabell (Hrsg.): *Zivile Bürgergesellschaft und Demokratie.* Wiesbaden: Springer VS: 273–298.

6 Postdemokratie und Populismus: Das Ende der liberalen Demokratie?

6.1 Immer noch zu wenig Demokratie? Postdemokratie und demokratische Defizite

Zu den Defizitanzeigen gegenüber der Demokratie zählt die Unzufriedenheit mit ihrer Ausgestaltung. Ein diesbezügliches Konzept hat in den späten 2000er Jahren erhebliche Aufmerksamkeit erfahren: das Konzept der *Postdemokratie*. Colin Crouch (2008) belebte den von Rancière aufgeworfenen Begriff in der politikwissenschaftlichen Diskussion und brachte ihn in öffentliche Debatten ein. Zentrale Idee ist, dass es aufgrund einer immer stärkeren Steuerung politischer Entscheidungen durch Lobbyist:innen und globale Unternehmen im Rahmen des globalisierten Neoliberalismus zu einem Rückbau der Partizipationsrechte der Bürger:innen in der Demokratie komme. Nicht mehr die Bürger:innen seien die entscheidenden Adressaten politischer Entscheidungen, sondern Unternehmen, Wirtschaft und große Interessensverbände. Die Ausweitung der idealtypisch für eine Demokratie wichtigen Beteiligungsrechte der Bürger:innen wird – so Crouch – vor diesem Hintergrund teilweise zur Farce, werden die Beteiligungsrechte doch einerseits auf weniger wichtige Entscheidungen verlagert und andererseits durch mediale Steuerungsmechanismen, die durch Marketingexpert:innen kreiert werden, in die für die globalen Interessent:innen richtige Richtung gelenkt (Blühdorn 2013; Jörke 2011). Diese Steuerung beschränkt sich nicht auf einzelne politische Entscheidungen: Die Auseinandersetzung um politische Macht wird immer stärker von PR-Expert:innen und deren Fähigkeiten, ihre Kandidat:innen gut zu verkaufen, entschieden. Entsprechend degenerieren Wahlen zu einer gigantischen PR-Schlacht, in der die Kandidat:innen mit der besten PR-Beratung Erfolg haben. Diese erweiterten Techniken zur Manipulation der öffentlichen Meinung wiegen die Bürger:innen im Glauben, das richtige zu tun, und erleichtern es Politiker:innen, quasi korporatistisch – im Sinne der ökonomischen Interessen – die Wähler:innen zu steuern. Zudem beherrschen Medienlogiken der Berichterstattung das Feld und erfordern von den Politiker:innen Dramatisierung und Zuspitzung.

Der Postdemokratie-Begriff kennzeichnet eine Weiterentwicklung der Demokratie, in der Kernelemente verlorengehen – vor allem betrifft dies den Einfluss der Bürger:innen und Gleichheitsaspekte. Die Entwicklungen werden bestärkt durch eine wachsende *technokratische Prägung* der Demokratie, welche aufgrund wachsender Differenzierung und Verkomplizierung politischer Entscheidungen die Mitbestimmung der Bürger:innen erschwert.

> »Während die demokratischen Institutionen formal weiterhin vollkommen intakt sind (und heute sogar in vielerlei Hinsicht weiter ausgebaut werden), entwickeln sich politische Verfahren und Regierungen zunehmend in eine Richtung zurück, die typische war für vordemokratische Zeiten« (Crouch 2008: 13).

Verstärkt werden politische Entscheidungen als »alternativlos« oder »unabdingbar« dargestellt und durch den Einbezug der Positionen von oft hinter verschlossenen Türen agierenden Expert:innen abgesichert. Damit werden sie aber immer häufiger der Mitwirkung der Bürger:innen entzogen. Ein Grund ist der hohe Einfluss der gut vernetzten Interessenvertreter:innen, speziell aus dem ökonomischen Sektor, ein anderer eine elitentheoretisch begründete Abkehr von einem vermeintlichen »Regieren nach Umfragen«. An dieser Stelle schließen die Argumentationsmuster an Überlegungen von Joseph Schumpeter und elitentheoretische Denkweisen der Demokratie an, die der Effizienz und politischen Steuerung größere Bedeutung zumessen als der politischen Mitwirkung der Bürger:innen (Schaal/Ritzi 2009: 10; Schumpeter 1950).

Crouch setzt an einem Ideal an, das einen zentralen Bereich der Definition einer Demokratie entspringt – der *Partizipation*. Demokratie basiert für ihn auf anspruchsvollen Vorannahmen:

> »Es setzt voraus, dass sich eine sehr große Zahl von Menschen lebhaft an ernsthaften Debatten und an der Gestaltung der politischen Agenda beteiligt und nicht allein passiv auf Meinungsumfragen antwortet; dass diese Menschen ein gewisses Maß an politischem Sachverstand mitbringen und sich mit den daraus folgenden politischen Ereignissen und Problemen beschäftigen« (Crouch 2008: 9).

Sieht man einmal davon ab, dass das hier skizzierte Bild von mehrheitlich partizipativen und an Politik interessierten Bürger:innen sehr hohe, faktisch unrealistische Ansprüche stellt, werden zwei Probleme angesprochen: erstens die Wahrnehmung einer Verlagerung politischer Entscheidungen aus dem Bereich der Bürger:innen, teilweise sogar der Politik aufgrund wirtschaftlicher Interessen, zweitens ein Misstrauen der politischen Eliten gegenüber der Mündigkeit ihrer Bürger:innen.

Crouch fokussiert die Problementwicklung auf den Siegeszug des Neoliberalismus nach dem Zusammenbruch der Sowjetunion, sieht aber den Entwicklungsweg bereits früher beginnen, mit dem Aufkommen des Massenkonsums und der zunehmenden Autonomie und Macht der globalen Ökonomie. So sind es gar nicht unbedingt die in Verantwortung stehenden Politiker:innen, die im Fokus der Bürger:innen stehen, wenn etwas – wie z. B. bei der Bankenkrise – schief läuft, sondern die ihren Einfluss durchsetzenden ökonomischen Eliten. Diese sind heute selten in der Form von einzelnen gewichtigen Persönlichkeiten, sondern als auf Rendite fixierte Broker:innen von relativ undurchschaubaren Aktiengesellschaften mit illuster besetzten Aufsichtsräten zu finden. Ihnen gegenüber stehen Bürgerbewegungen, die mit ihren begrenzten finanziellen Mitteln und Ressourcen kaum die Möglichkeit besitzen, den Großkonzernen erfolgreich entgegenzutreten. Die zähen Entwicklungen auf dem Gebiet des Umweltschutzes oder bei der Einführung von Mindestlöhnen sprechen aus der Sicht von Crouch genauso dafür wie die fehlende soziale Absicherung im Paradeland des Neoliberalismus, den USA. Der fast rein ökonomisch getriebene und durch die politischen Eliten nur noch unzureichend kontrollierte Neoliberalismus ist dann auch der zentral Feind einer echten, partizipativen Demokratie.

> »Tatsächlich gilt: Je mehr sich der Staat aus der Fürsorge für das Leben der normalen Menschen zurückzieht und zulässt, dass diese in politische Apathie

versinken, desto leichter können Wirtschaftsverbände ihn – mehr oder minder unbemerkt – zu einem Selbstbedienungsladen machen. In der Unfähigkeit dies zu erkennen, liegt die fundamentale Naivität des neoliberalen Denkens« (Crouch 2008: 29–30).

Dabei sind mit dem letzten Punkt die neoliberalistisch denkenden Politiker:innen gemeint, und nicht Ökonom:innen.

Wie diese Entwicklung im Detail aussehen kann, wird ebenfalls skizziert. So drängen Arbeitgeber:innen und wichtige Großkonzerne Regierungen dazu, Arbeitnehmerrechte wie deren Sozialleistungen einzudämmen. Speziell in Krisenzeiten wird seitens der ökonomischen Eliten auf die Risiken des Marktes verwiesen und das es notwendig werden könnte, Personal zu entlassen. Die Sicherung der Beschäftigung wird als oberstes Ziel einer Regierung definiert und dieses Diktum eingesetzt, um die Regierungen und politische Entscheider:innen unter Druck zu setzen – z. B. um zu einschneidende Umweltschutzmaßnahmen zu verhindern. Die Konzerne suchen günstige Standorte und befeuern ein *race to the bottom*, was Rechte von Arbeiter:innen und Beschäftigten angeht. Die zunehmende Globalisierung erweitert ihr Drohpotenzial um die Drohung, mit ihrer Produktion an einen anderen Ort zu gehen.

Wenn auch die Überlegungen von Crouch (2008) den Gedanken einer ökonomischen Steuerung der Demokratie und ihrer Eliten in die Diskussion brachten, wirken einige seiner Beschreibungen der Demokratie doch überzogen. So hat sich z. B. der Organisationsgrad von zivilgesellschaftlichen Akteuren in modernen Demokratien, gerade unter Rückgriff auf digitale Vernetzungsstrategien verbessert und sie sind häufiger in der Lage, ökonomischen Interessenvertreter:innen entgegenzuwirken, als Crouch ihnen dies zuerkennen würde. Auch dürfte eine zunehmende politische Partizipation, die durch digitale Mobilisierungsformen erleichtert wird, Regierungen unter einen beachtlichen Druck setzen. Ob die harsche Kritik an den politischen Eliten hinsichtlich ihres sinkenden Interesses an den Wünschen der Bürger:innen zutrifft, ist in der geschilderten Tragweite zumindest diskutabel. Schwerwiegend ist die klare Positionierung hinsichtlich der Bestandteile der Demokratie. Crouch legt seinen Schwerpunkt auf die demokratischen Aspekte der Bürgerbeteiligung und Gleichheit, also ein sozialistisches oder sozialdemokratisches Verständnis von Demokratie. Die Aspekte der Herrschaftskontrolle und

Rechtsstaatlichkeit treten in seinen Überlegungen allerdings deutlich hinter diese Aspekte zurück und eröffnen die Frage, inwieweit Einschränkungen dieser demokratischen Prinzipien zur Überwindung der Postdemokratie statthaft wären.

Gleichwohl gelingt es Crouch, auf Problemlagen der Demokratie hinzuweisen, wenn die von den Bürger:innen gewählten Volksvertreter:innen den Aspekt ökonomische Effizienz in Konkurrenz zu Gleichheit und Bürgerrechten zu hoch bewerten. Crouch fordert eine stärkere Steuerung des gesellschaftlichen Geschehens durch die Politik und die Politiker:innen ein, nützt eine fehlende Steuerung im neoliberalen Staat doch allein den ökonomischen Eliten und Großkonzernen. Diese Gefahr einer fehlenden Kompetenzabgrenzung zwischen Systembereichen wie Politik und Ökonomie hat bereits der Soziologe Niklas Luhmann (1984) als problematisch gedeutet, funktionieren doch Systembereiche nach jeweils eigenen, unterschiedlichen Regeln. Wird die Regel der Ökonomie, also Kapitalakkumulation, zum Kriterium der für das Gemeinwohl verantwortlichen Politik, kann es zu dysfunktionalen Erscheinungen für das (politische) System kommen.

Als *Antworten auf die Herausforderungen der Postdemokratie* sieht Crouch: (1) eine Bestärkung der Potenziale neuer sozialer Bewegungen und der Zivilgesellschaft; (2) das Betreiben von Antilobbying über etablierte Gegenkräfte der neoliberalen Ökonomie und (3) »kritisch und keineswegs bedingungslos weiterhin auf Parteien [zu] setzen, da keine ihrer postdemokratischen Alternativen ein vergleichbar großes Potenzial bietet, das Ziel der politischen und sozialen Gleichheit durchzusetzen« (Crouch 2008: 156). Zudem sieht er für die Übermacht kapitalistischer Unternehmen aus historischen Betrachtungen heraus Risiken: Er nennt die Unfähigkeit des Kapitalismus, über längere Zeit ökonomische Stabilität zu produzieren, die potenzielle Gewaltgefahr daraus resultierender Klassenkonflikte und die Stärke (sozialdemokratischer) politischer Alternativen. Der in einem zunehmenden Ruf nach Bürgerbeteiligung sich ausdrückende Wunsch nach Deliberation und deliberativen Verfahren, der in den letzten Jahren immer stärker zu hören ist, reflektiert zumindest einen Teil dieser Ideen. Allerdings gibt es selbst in diesen Beteiligungsverfahren immanente Formen sozialer Ungleichheit (Jörke 2012, 2013).

Colin Crouch wird nicht selten als Advokat der Sichtweise herangezogen, der Neoliberalismus erzeuge Defizite der heutigen Demokratie. Teilweise werden Anklänge an die kritische Theorie und neue Formen der Kritik am Neokapitalismus sichtbar. Allerdings reflektierte Crouch selbst seine Aussagen in jüngerer Zeit kritisch. Speziell bekannte er, den Rechtspopulismus als prägende nationalistische Kraft in seiner politischen Wirkung unterschätzt zu haben. Auch wenn der Neoliberalismus immer noch Demokratien aushöhlt, steht er in einem ambivalenten Verhältnis zum Rechtspopulismus. Zum einen kann der Rechtspopulismus als normierender und den Freihandel verhindernder Gegner ausgemacht werden. Dies muss aber nicht so sein. Gefährlich wird es da, wo Rechtspopulismus und Neoliberalismus Hand in Hand gehen, wie dies in Ungarn, Italien und Österreich in Teilen der Fall ist oder war (Crouch 2019) – wählen doch oftmals gerade Arbeiter:innen Rechtspopulist:innen, die ihre Rechte abbauen wollen. Damit wird, anders als von Crouch 2008 erwartet, eine andere Alternative zur Globalisierung relevanter – nicht die Sozialdemokratie, sondern ein völkisch-nationalistisch aufgestellter Rechtspopulismus.

6.2 Darf es weniger Elite sein? Die Herausforderung des Populismus

Einer der aktuellsten Auseinandersetzungsstränge findet sich in der Diskussion über die Demokratiegefährdung durch einen sich ausbreitenden und bei demokratischen Wahlen erfolgreichem Populismus (Lewandowsky 2022). Gemeinhin wird speziell die rechtspopulistische Bedrohung der Demokratie als eine ihrer größten Herausforderungen seit Jahrzehnten gesehen (Backes 2010; Backes/Moreau 2021; Beyme 2017; Neugebauer 2001; Przeworski 2019). Von Rechtsextremismusforscher:innen wird allerdings oft darauf verwiesen, dass die Verwendung des Begriffs Rechtspopulismus eher zur Verharmlosung eigentlich rechtsradikaler bis rechtsextremistischer Parteien und Personen beitrage (Decker 2018: 20–26). Und in der Tat sind an vielen Stellen erhebliche Überschneidungen festzustellen. In beiden Fällen liegt eine ideologisch rechte Orientierung vor, die nationalistisch wie völkisch geprägt ist und mit der bestehenden demokratischen Ordnung in der Form nicht einverstanden ist (Jachke 2006; Virchow et al. 2016). Dementsprechend bezeichnen Forscher:innen wie Cas Mudde (2019) diesen Komplex der Demokratiegefährdung zusammenfassend als *Radical Right*. Gleichwohl weist der Populismus eigenständige Elemente auf, die sich allerdings über ideologische Ausrichtungen sehr gut mit radikalen und extremistischen Positionen verbinden. Ein:e Rechtspopulist:in muss also nicht *nur* Rechtspopulist:in sein, sondern ist oft auch Rechtsradikale:r.

Was ist Populismus definitorisch? Derzeit finden sich verschiedene Definitionsversuche von Populismus wie Rechtspopulismus.

1. Populismus als *politisches Stilelement*, das sich durch ein besonders rigides Auftreten neuer politischer Akteure gegenüber den etablierten politischen Eliten auszeichnet (Moffit 2016).
2. Eine ähnliche Interpretation sieht Populismus als *politische Strategie* zum Machterwerb bzw. Machterhalt. Eine solche Strategie wird speziell von politischen Führer:innen in hybriden Regimen oder gar Autokratien eingesetzt.
3. Eine Weiterführung dieses Argumentes sieht Populismus als *Diskurspraxis*. Dieser Ansatz räumt dem Populismus positive Seiten ein. So wird er, in Anlehnung an seine Genese in den USA (Jörke/Selk 2017), als eine Bürger:innen von den Fesseln politischer Bevormundung befreiende Macht angesehen. In Zuspitzung fokussiert diese Forderung den Wunsch nach einer radikalen Demokratie mit Mobilisierung der Bürger:innen (Laclau 2005; Laclau/Mouffe 2014).
4. In diese Richtung zielt auch ein Verständnis von Populismus, in dem Populist:innen als *popular agents* angesehen werden, die gesellschaftliche und politische Defizite (für das politische System produktiv) artikulieren.
5. Sozioökonomische Ansätze thematisieren Populismus als *Reaktionsform auf sozioökonomische Defizite* in der Gesellschaft (und soziale Ungleichheit).

6. Einen stärkeren inhaltlichen Fokus hat der ideologisch geprägte *ideational approach* (Mudde/Kaltwasser 2017: 2–4; Priester 2012: 40–48). Er sieht die Betonung der Differenz zwischen Volk und Eliten als den Kern des Populismus, der je nach jeweiliger politisch-ideologischer Richtung mit unterschiedlichen Inhalten – also einer Art »Wirtsideologie« – verbunden wird (Minkenberg 2017). Cas Mudde bezeichnet dies als *thin-centered ideology*.

Einig sind sich die Autor:innen aller Ansätze hinsichtlich des Gegensatzes von »Volk« und »Eliten«. Cas Mudde (Mudde/Kaltwasser 2017: 1–20), Karin Priester (2007: 12–41), Paul Taggart (2000: 91–98), Benjamin Moffit (2016: 95–110) oder Jan-Werner Müller (2017) sehen diesen offen propagierten Gegensatz als konstitutiv für populistische Aussagen an. Dabei empfinden sich Populist:innen als Verteidiger:innen von Traditionen und einer »schweigenden« Mehrheit gegen Bedrohungen von außen und teilweise von innen. Dies beinhaltet ein Bild von der politischen Elite, das durch Misstrauen (Rosanvallon 2008) seitens der Bürger:innen geprägt ist. Politische Eliten werden grundsätzlich als gegen die Interessen der Nation und des Volkes arbeitend angesehen. Populismus zeichnet sich damit durch eine *fundamentale Anti-Establishment Position* aus (Mudde/Kaltwasser 2017: 12). Das Argument ist: Bedrohungen, z. B. eine überbordende Migration oder Terrorismus, werden durch die vermeintlich verantwortungslosen politischen Eliten ignoriert, wenn nicht gar wissentlich geduldet oder aus strategischen Gründen gefördert (Mudde/Kaltwasser 2017: 9–10; Mounk 2018).

Freundlich beurteilt, weisen Populist:innen also auf ein *Repräsentations-* und *Responsivitätsproblem* der aktuellen Politik in liberalen Demokratien hin. So wird der Wunsch vieler Bürger:innen nach plebiszitärerer Entscheidungseinbindung und der in großen Teilen der Bevölkerung bestehende Eindruck einer Distanz zwischen den »abgehobenen« Eliten und dem Volk aufgegriffen. Unfreundlich gesprochen, erfolgt diese Adaption eher aus strategischen Gründen des Machterwerbs als aus wahrer Identifikation mit den Interessen der Bürger:innen an mehr politischer Responsivität. So werden die sich auftuenden Kommunikationsbrüche von den Populist:innen radikal gegen eine repräsentative Demokratie gewendet. Diese verkörpert aus ihrer Sicht ein System aus

Parteienvertreter:innen, die sich nur wechselseitig die Posten zuschieben. Populist:innen präsentieren sich dagegen als die »wahren« Vertreter:innen eines als *homogen* verstandenen Volkes. Die Mischung aus einem Plädoyer für Freiheit der Meinungsäußerung und Hinweisen auf Einschränkungen in der direkten Umsetzung des Bürgerwillens (zum Beispiel über fehlende Volksentscheide) bildet den Ansatzpunkt für populistische Argumentation. Aus Sicht der Populist:innen wird Entscheidungsmacht an Elitenkonglomerate verlagert, die sich vom Willen des »Volkes« lösen, womit sich eine gewisse Nähe zu postdemokratischen Argumentationsmustern ergibt. Diese nun mit rechten ideologischen Gedanken angereicherte populistische Rhetorik blickt auf das Kollektiv und reagiert auf das Gefühl diffuser Problemlagen. Rechtspopulist:innen bestärken bestehende Unzufriedenheiten und stilisieren sich als Märtyrer, deren *freie Meinungsäußerung* eingeschränkt wird. Hinweise auf eine *Cancel Culture* und eine ungerechte Behandlung in den Medien werden als Legitimation für die Verschiebung der Debatten in eigene Informationskanäle genutzt.

Folgt man dem *ideational approach*, dann benötigen Populist:innen üblicherweise eine *Wirtsideologie*, um eine inhaltliche Substanz zu erhalten. Dabei unterscheidet man grob entlang der politischen Ideologielinien »links« und »rechts«. Wenngleich Links- wie Rechtspopulismus möglich ist, dominiert in Europa klar der Rechtspopulismus, sieht man einmal von Griechenland und der Partei *Syriza* ab (Pappas 2019). Im rechtspopulistischen Fall sind die ideologiekonformen Linien – neben einem starken, völkisch geprägten Nationalismus, der starken Homogenitätsannahme des »Volkes« – kollektive Abgrenzungen und eine Skepsis gegenüber dem der liberalen Demokratie eigenen Pluralismus (Eatwell/Goodwin 2018). Der *ideational approach* stellt gerade beim Rechtspopulismus eine enge *Bindung zwischen Populismus und Nationalismus* her (Eatwell/Goodwin 2018: 36–40). Es wird auf Abgrenzungsstrategien zurückgegriffen, die eine homogenisierte »Wir-Gesellschaft« von nicht zu ihr gehörigen Personen unterscheidet (Bremer 2018). Dabei wird ein homogen verstandenes »Volk« den korrupten Eliten gegenübergestellt (Mudde/Kaltwasser 2017: 18–19), ebenso eine *identitäre Strategie des Wir und die Anderen*. Der erhobene Vertretungsanspruch für die politische oder kulturelle Gemeinschaft ist im Verständnis von Rechtspopulist:innen die

Legitimation, Zugehörigkeiten zu definieren und das soziale Klientel, für das sie sich einsetzen, auszuweisen. In der Regel wird auf eine *nativistische Definition* zurückgegriffen, die mystische und historische Elemente aufgreift. Dies drückt sich in der Ablehnung von kulturellen Minderheiten aus und inkludiert die Ablehnung von deren Verteidiger:innen und von anderen sozialen Gruppen, die von der eigenen Homogenitätsvorstellung abweichen (alternative Geschlechtsidentitäten, Angehörige von Minderheiten; ▶ Kap. 6.3). Hinzu tritt der Eindruck unter Bürger:innen, dass »unser Land« von äußeren Umständen oder Personengruppen bedroht wird bzw. auf eine Katastrophe epischen Ausmaßes zutreibt. Dabei wird eine exklusive Bestimmung des »Volkes« vorgenommen, das aus Sicht der Populist:innen spezifische Anrechte und einen generellen Vorrang vor anderen sozialen Gruppen in der Gesellschaft (zumeist Immigrant:innen) besitzt. Diese Argumentation findet in der Bevölkerung durchaus Widerhall. Zum einen wird an die weit verbreitete Politikerverdrossenheit angeschlossen, zum anderen an das Narrativ einer Distanz zwischen Eliten und Volk. Unterschiede zwischen Eliten und Volk werden von zwei Dritteln der Bürger:innen gesehen und nur wenige gehen davon aus, dass es die Politiker:innen kümmert, was einfache Leute denken. Bis zu drei Viertel der Bürger:innen meinen, dass man selbst keinen Einfluss darauf hat, was die Regierung tut.

Die Umfragedaten zeigen noch ein weiteres, nicht allein im Populismus auffindbares, doch dort stark verbreitetes Phänomen – *Kompromissbereitschaft als Schwäche* auszulegen. Indem Populist:innen auf Polarisierung, Zuspitzung und Konflikt ausgerichtet sind, vertreten sie – wie auch ihre Anhänger:innen – eine kompromisslose und eingleisige Linie von Forderungen, Abgrenzungen und Ausgrenzungen. Dies ist keine neue Erscheinung, allerdings wird sie zusammen mit anderen Faktoren des Rechtspopulismus zum Erfolgsrezept. Durch das plakative Einfordern verstärkter Elemente direkter Demokratie, ohne sich selbst daran gebunden zu fühlen, wird Demokrat:innen oft die Argumentation gegen die rigiden und menschenfeindlichen Forderungen der Rechtspopulist:innen erschwert. So wirkt die Forderung zuerst plausibel und prodemokratisch. Problematisch an der geforderten Volksbeteiligung ist allerdings die im Rechtspopulismus europäischer Prägung mitgedachte immanente *Homogenisierung der Bürger:innen* hinsichtlich einer (schein-

Tab. 6.1: Aussagen zur Offenheit für Populismus unter Deutschen

Aussage	Zustimmung vs. Ablehnung
Es bestehen Unterschiede zwischen Eliten und Volk (GLES 2017)	67 – 12
Abgeordnete müssen dem Willen des Volkes Folge leisten (GLES 2017)	75 – 10
Kompromiss ist Verrat an Prinzipien (GLES 2017)	30 – 40
Der Wille der Mehrheit hat Vorrang (GLES 2017)	45 – 55
Bürger würden Interessen der Politiker besser vertreten (GLES 2017)	26 – 49
Ich halte es für sinnlos, mich politisch zu engagieren (Mitte 2016)	61 – 39
Leute wie ich haben sowieso keinen Einfluss darauf, was die Regierung tut (Mitte 2016 / LAS 2018 / LAS 2020)	74 – 26
Politiker reden zu viel und machen zu wenig (GLES 2017)	63 – 13
Meinung der Bürger interessiert Politiker nicht (GLES 2017)	35 – 34
Politiker kümmert, was einfache Leute denken (GLES 2017)	17 – 49

Quelle: Leipziger Mitte-Studien 2016; GLES 2017; Leipziger Autoritarismus Studie (LAS) 2018, 2020; Angaben in Prozent; Zustimmung auf Skalen mit fünf Antwortmöglichkeiten: (stark zustimmend + zustimmend) – (stark ablehnend + ablehnend), teils-teils = Residualkategorie; Aussagen im Original und deswegen nicht gegendert.

bar) einheitlichen Interessenlage. Von den eigenen Positionen abweichende Vorstellungen werden als manipuliert oder konstruiert diskreditiert. Implement ist eine häufige Verwendung von Verschwörungstheorien seitens populistischer Politiker:innen – und eine Bereitschaft ihrer Anhänger:innen, diesen zu folgen (Nocun/Lamberty 2021). Zudem wird zwar das Primat der Majorität gegenüber Minderheiten in der Gestaltung der Politik der Nation einem pluralistischen Interessenausgleich gegenübergestellt – allerdings nicht auf die eigenen Positionen bezogen, da man ja die »stille Mehrheit« repräsentiert. Durch eine Beschränkung der

»wahren Bürger« auf die Mitglieder der Nation ergibt sich eine *Ethnisierung* und das Ziel einer *Ethnokratie*, die Pluralisierungstendenzen ablehnt.

Populismus ist keineswegs per se antidemokratisch und demokratiegefährdend. In der Funktion als Warnsignal für bestehende Probleme im Verhältnis der Bürger:innen zu den politische Eliten kann Populismus eine produktive Wirkung besitzen. Dies entspricht seiner Entstehungsgeschichte Ende des 19. Jahrhunderts, als er die Interessen der durch die Industrialisierung mehr und mehr abgehängten Bürger:innen auf dem Land artikulierte (Priester 2007: 78–90; Jörke/Selk 2017: 17–25). Entsprechend ist heute die mangelnde Responsivität der Politik in den Augen der Bürger:innen eine zentrale Ressource des Populismus.

Problematisch wird der Populismus, wenn er demokratische Prozesse auszuhöhlen beginnt und Alternativen zur demokratischen Willensbildung offeriert. Dies gilt in liberalen Demokratien speziell für den *Rechtspopulismus*. So werden einige ihrer zentralen Grundlagen – die *Akzeptanz von Pluralität* oder die Ausrichtung auf ausbilanzierte und auf *Kompromissfindung* ausgerichtete politische Institutionen – von Anhänger:innen rechtspopulistischer Positionen zurückgewiesen und die Legitimität des gewählten Parlaments als Volksvertretung in Frage gestellt (Achen/Bartles 2016). Speziell die antipluralistische Ausrichtung unterläuft die Grundannahme von freien und gleichen Bürger:innen in einer nicht ethnisch homogenen Gesellschaft (Levitsky/Ziblatt 2018). So wird gerade der Rechtspopulismus in starkem Maß von einem völkischen, nativistischen Bild der Nation geprägt, das die Modernisierungs- und Globalisierungsbewegungen der letzten Jahrzehnte wie auch Pluralismus weitgehend als Gefährdung identifiziert.

Damit öffnet sich das Fenster für den Anschluss an *kulturelle Abgrenzungsmechanismen*. In diesem Zusammenhang wirkt die Externalisierung der eigenen Unsicherheit und Unzufriedenheit auf einen Sündenbock bzw. die Verbindung mit einem Thema, das besonders markant das Versagen der politischen Eliten aufzeigt, stabilisierend für die Anlehnung von Bürger:innen an rechtspopulistische Aussagen. *Angstdiskurse*, das stärkste Gefühl, zu dem der Mensch neigt, stellen ein probates, strategisches und taktisches Mittel von Rechtspopulist:innen dar (Wodak 2016: 63–65). Speziell *Ängste kultureller Überfremdung* eignen sich gut zur rechtspopulistischen Mobilisierung und werden mit Blick auf als kulturell anders markierte soziale Gruppen eingesetzt. Dies kann beispielhaft an der Mobilisierung über antimuslimische Statements und entsprechende Positionen in Osteuropa – allerdings nicht nur dort – illustriert werden (Öztürk/Pickel 2019, 2022a; G. Pickel/Öztürk 2020). Die Aufnahme von Ängsten vor dem pauschalisierten Islam (Islamophobie) bei gleichzeitigem Fehlen von korrigierenden Kontakten zu Muslim:innen eröffnet Rechtspopulist:innen gute Mobilisierungsmöglichkeiten. Ähnliches gilt für einen oft wiederauflebenden Antisemitismus, wie das in Europa gepflegte Verschwörungsnarrativ der »großen Umvolkung« eindrucksvoll belegt (Butter 2018; Douglas et al. 2019; G. Pickel et al. 2020).

6.3 Vorurteile und Rassismus als Brücken antidemokratischer Vorstellungen

6.3.1 Konzepte und Definitionen

Wie gerade dargestellt, ist eine der zentralen Mobilisierungstechniken der extremen Rechten und von Rechtspopulist:innen die Mobilisierung und Verbreitung von Vorurteilen gegenüber als fremd klassifizierten Gruppen. Das in den letzten Jahren häufigste Ziel sind, muslimische Migrant:innen. Sie wurden als fremd kategorisiert, ihnen wurden Stereotype zugeschrieben und auf diesen Elementen basierend erfolgt eine Abwertung. Diese Mobilisierung durch die extreme Rechte erfuhr im Zuge der Fluchtbewegungen 2015 in ganz Europa einen zusätzlichen Schub (G. Pickel/S. Pickel 2018). Vor allem die Konstruktion des Bildes einer »Überfremdung« durch Muslim:innen kann als zentraler Erklärungsgrund für die Wahlerfolge rechtspopulistischer Parteien angesehen werden (S. Pickel 2019). Gleichzeitig waren diese Erfolge nur möglich, weil in den europäischen Bevölkerungen bereits eine Distanz zu Muslim:innen existierte (Strabac/Listhaug 2008; Shooman 2014; G. Pickel 2019; Öztürk/Pickel 2022b).

Entsprechende Abgrenzungen und Abwertungen sind allerdings nicht allein auf Muslim:innen bezogen, sondern betreffen auch andere soziale Gruppen wie Schwarze Menschen, langzeitarbeitslose oder obdachlose Menschen, Jü:dinnen, Sinti und Roma,[17] homosexuelle und transsexuelle Menschen, Menschen mit sogenanntem Übergewicht (z. B. Zick/Küpper 2021: 188–191; G. Pickel/Reimer-Gordinskaya/Decker 2019: 32–43; Decker/Brähler 2020). Diese Abwertungsmechanismen kommen in den letzten Jahren immer stärker in den Blick von Öffentlichkeit und Politik, zum einen, weil sie häufig als *Brückenkonstrukte* zwischen der extremen Rechten und der Mitte der Bevölkerung fungieren, zum anderen, weil sie auf ungleiche Machtverhältnisse und strukturellen Rassismus verweisen, die mit den Grundwerten einer freien und gleichen Demokratie nicht vereinbar sind (z. B. El-Mafaalani 2021). Zur Beschreibung dieser durchaus handlungsrelevanten Einstellungen gibt es drei Zugänge: erstens die sozialpsychologisch geprägte Vorurteilsforschung, zweitens die Einordnung als Ressentiment, ein Begriff der vor allem in der Antisemitismusforschung wichtig ist, und drittens die Rassismusforschung, speziell die kritische Rassismusforschung (Delago/Stefancic 2017).

Beginnen wir mit der *Vorurteilsforschung*. Ein Vorurteil ist ein Urteil über andere Personen und Gruppen, das ohne größere Informationen und Abwägungen gefällt wird. Oder wie es einer der Väter der Vorurteilsforschung sagt: »Ein Vorurteil ist, von anderen ohne ausreichende Begründung schlecht zu denken« (Allport 1979: 6). Damit platziert Allport das Vorurteil bereits auf der negativen Seite, in der Weise, wie wir es heute meist verstehen. Generell können Vorurteile allerdings auch positiv ausfallen. Entscheidend ist ihre Verinnerlichung eines eher uninformierten, konstruierten Bildes vom Anderen, oder genauer: einer anderen Gruppe von Personen. Aufgrund der Ausrichtung auf Personengruppen wird heute gelegentlich präziser von gruppenbezogenen Vorurteilen gesprochen. Die Konstruktion eines negativen Vorurteils hat drei Schritte: *Klassifikation*, *Stereotypisierung* und *Abwertung*. Man ordnet den anderen oder bei gruppenbezogenen Vorurteilen die andere Gruppe (fachlich:

17 Viele NGOs der Sinti und Roma in Deutschland lehnen ein Gendern ihrer Eigenbezeichnung ab, weil diese bereits Männer und Frauen inkludiert. Sie fordern Respekt vor ihrer selbstgewählten Bezeichnung, dem wir hier entsprechen.

Out-Group) ein (Klassifikation), versieht ihn oder sie mit Merkmalen (Stereotypisierung) und bewertet diese gegenüber den sich selbst zugeschriebenen Eigenschaften als ungleichwertig (Abwertung). Dabei wird die Fremdgruppe oder Out-Group seitens der Eigengruppe (In-Group) konstruiert und muss so nicht zwingend mit natürlichen Gruppen übereinstimmen oder diese beschreiben.

Diese Abwertung muss nicht zufällig sein. Jonas und Kollegen (2014: 509) sehen Vorurteile als »eine Einstellung bzw. Orientierung gegenüber einer Gruppe (bzw. ihren Mitgliedern), die sie direkt oder indirekt abwertet, oft aus Eigeninteresse oder zum Nutzen der eigenen Gruppe.« Eine der bekanntesten Ansätze in diese Richtung ist die *Social Identity Theory* (Tajfel 1982): Sie sieht in der Abwertung einer anderen Gruppe die Möglichkeit, die eigene Gruppe zu erhöhen, um aus diesem Gefühl der Überlegenheit das persönliche Selbstwertgefühl zu steigern – oder manchmal überhaupt erst herzustellen. Ist dies für sich bereits problematisch, wird es umso problematischer, wenn man seinen negativen Zuschreibungen an die Anderen selbst irgendwann Glauben schenkt und wenn diese Kennzeichnungen als gefährlich oder bedrohlich enthält. Hier existieren noch weiterführende sozialpsychologische Ansätze, die eine Verstärkung von Vorurteilen bei Bedrohungsgefühlen diagnostizieren (Pickel/Yendell 2016). Entscheidend ist, dass es über Gruppenmerkmale zu Intergruppenkonflikten sowie Abwertung von Gruppen und Personen kommen kann (Jonas et al. 2014: 521–538; Tajfel/Turner 1986).

Ein in Deutschland stark verbreitetes Konzept der Vorurteilsforschung ist das der *gruppenbezogenen Menschenfeindlichkeit*. Es schließt an das klassische Vorgehen der Vorurteilsforschung an, fokussiert dann aber auf eine gemeinsame Vernetzung der verschiedenen Vorurteile und Abwertungen (Heitmeyer 2010). So kann gruppenbezogene Menschenfeindlichkeit als gemeinsames Syndrom und mit Blick auf spezifische Vorurteile und Abwertungen untersucht werden. Selbst wenn es ein wenig an theoretischer Begründung mangelt, kommt den Studien zur gruppenbezogenen Menschenfeindlichkeit große Bedeutung in der Sichtbarmachung von Vorurteilen und Abwertung zu. Das Konzept findet in Teilen seine Fortsetzung in den von Andreas Zick und Beate Küpper durchgeführten Mitte-Studien der Friedrich-Ebert-Stiftung (Zick/Küpper 2021).

Ein spezieller Zweig der Vorurteilsforschung wurde durch Theodor Adorno (1973) mit seinen Studien zur autoritären Persönlichkeit auf den Weg gebracht, der unter dem Eindruck der Verbrechen des Nationalsozialismus die Persönlichkeitsentwicklung zum Ausgangspunkt für Vorurteile und Diskriminierung bestimmte. Er identifizierte im Anschluss an die Arbeiten Max Horkheimers (1936) und Erich Fromms (1938) eine autoritäre Persönlichkeit, die von zentraler Bedeutung für die Unterscheidung der »Vorurteilsvollen« und »Vorurteilsfreien« mit sich brachte. Entscheidend für diese Persönlichkeitsform ist die Verinnerlichung eines Autoritätsglaubens, der paradoxerweise Unterwerfung gegenüber angeblich bedeutenderen Personen mit Aggression gegen angeblich untergeordnete Personen kombiniert. Diese Überlegungen wurden später in eine auf die Gesellschaft bezogene Autoritarismustheorie überführt. Die Verbindung dazu liegt in der Übermittlung dessen, was durch die Gesellschaft gewünscht ist, über die Sozialisation in der Familie, teilweise schon im Kleinkindesalter (Decker 2018: 35–38). Die autoritären Strukturen können dabei eine autoritäre Dynamik entwickeln, die zu guter Letzt einen antidemokratischen Impetus aufweist. So unterminiert autoritäres Denken die Offenheit für eine plurale Gesellschaft, es steht aber auch in Verbindung zur Akzeptanz von – in der Regel demokratiefeindlichen – Verschwörungserzählungen (Decker/Brähler 2020). Auch hier schließt sich eine regelmäßige Studienreihe an, die *Leipziger Autoritarismus Studien*.

Dem Vorurteil in Teilen ähnlich ist zweitens das *Ressentiment*. Richten sich Vorurteile generell auf Gruppen, die man sich untergeordnet ansieht, stellt das Ressentiment der gesehenen Ungleichheit auch eine Art Neid zur Seite (Scheler 2017). Man sieht die Anderen als einem überlegen, bevorzugt und, da sie sich dem eigenen Einfluss zu entziehen scheinen und gar im Hintergrund agieren, als gefährlich für sich selbst an. Ein Ressentiment bezeichnet eine *emotionale Abneigung*, die oft in Kombination mit dem Gefühl einer Ohnmacht gegenüber einem gefühlten Zurückgesetzt-Sein verbunden ist. Ressentiments sind kulturell stark verwurzelt und werden über Generationen weitergegeben, was eine historische Tiefe mit sich bringt. Persönliche Erfahrungen sind für das Ressentiment nicht notwendig. Sie verbreiten sich meist in Form von Gerüchten und Erzählungen, überwiegend Verschwörungserzählungen (Decker/Brähler 2020: 23–24). Die bekannteste und paradigmatische Form des Ressentiments ist der *Antisemitismus*. Seine sich durchaus im Typus verändernde Existenz hatte auf der Verhaltensebene in der Shoah und im Holocaust in Deutschland seinen Höhepunkt erreicht (Kiess et al. 2020: 214; Benz 2005; Salzborn 2014). Daran wird deutlich, dass weder Vorurteile noch Ressentiments auf der Einstellungsebene verbleiben müssen oder für betroffene Menschen und Gruppen ungefährlich sind. Entsprechend ist die beobachtbare Fortexistenz des antisemitischen Ressentiments bis in die heutige Zeit eine Herausforderung an die Demokratie.

Die dritte mögliche Form des Umgangs mit entsprechenden Haltungen ergibt sich aus der Rassismusforschung (Balibar/Wallerstein 1990; Memmi 2000). *Rassismus* kann als eine Ideologie verstanden werden, nach der Menschen aufgrund äußerlicher Merkmale andere Menschen kategorisieren, beurteilen und abwertend behandeln (Messerschmidt 2011). Die genannten Prozesse beziehen sich auf ethnische und kulturelle Differenzen, die aus Sicht der Handelnden eine Ungleichbehandlung rechtfertigen sollen. »Rassismus meint jedwede Ausschließung, Ablehnung oder Ungleichheit eines Menschen aufgrund ethnischer Herkunft, *race*, Hautfarbe, Abstammung, Religion oder des nationalen Ursprungs« (Lavorano 2019: 2). Rassist:innen betrachten in der Regel Menschen, die ihren eigenen Gruppenmerkmalen entsprechen, als höherwertig gegenüber Menschen, die andere Gruppenmerkmale aufweisen (Benedict 2019: 55–60). Die Folge ist die *rassistische Diskriminierung*. Sie verbindet Einstellungen mit Verhaltensweisen und auch gezielten Handlungen. Was die kritische Rassismusforschung von der Vorurteilsforschung unterscheidet, ist ihre Betonung eines historisch verankerten strukturellen Rassismus, der manchmal rassistisch Handelnden gar nicht bewusst ist, weil er im Alltagsleben tief verankert ist und teilweise unbewusst sozialisiert wurde. Sieht man die Vorurteilsforschung stärker auf der Suche nach den Gründen für individuelle Vorurteile, legt die Rassismusforschung ihr Augenmerk auf die historischen, ökonomischen und gesellschaftlichen Bedingungen als Ausgangspunkt von Wir- und Fremdheitszuschreibungen (Messerschmidt 2011: 46). Solche Ausdrucksformen des Rassismus werden auch als Alltagsrassismus bezeichnet.

Neben dem in westlichen Gesellschaften, speziell mit kolonialer Prägung, immanenten *strukturellen Rassismus* gibt es noch zwei weitere Formen: den *individuellen Rassismus*, der – abseits von Handlungen – Vorurteilen sehr ähnlich ist, und den *institutionellen Rassismus*, der auf in Behörden und Institutionen vorherrschende rassistische Kulturen und Ablaufprozesse verweist (Gomolla/Radtke 2009). Die bekannteste Form des institutionellen Rassismus ist das sogenannte *Racial Profiling*, in dem polizeiliche Kontrollen ihre Kontrollauswahl nach dem (ethnisch oder kulturell bedingten) äußerlichen Erscheinungsbild treffen. Insgesamt wird Rassismus deutlich stärker als *Herrschaftsideologie* denn als individuelle Persönlichkeitsstruktur angesehen (El-Maafalani 2021: 15, 73). Nach einem früher noch relativ engen, vor allem kolonialistisch geprägten Rassismus von weißen Menschen gegenüber Schwarzen Menschen bzw. *People of Colour* umfassen moderne Rassismusdefinitionen alle Gruppen, die kulturell oder ethnisch abgewertet und diskriminiert werden.

In gewisser Relation zur Rassismusforschung und Vorurteilsforschung stehen drei weitere Konzepte: Sexismus, Antifeminismus und Klassismus. Vor allem Rassismus, Sexismus und Klassismus werden in einem Zusammenhang gesehen. Beschreibt *Sexismus* die Abwertung von Frauen im Sinne eines Erhalts von männlich dominierten geschlechtlichen Machtverhältnissen, verweist der *Klassismus* auf die Abwertung und Distanzierung von Menschen in prekären Lagen. Wie im Rassismus wird dabei auf strukturelle Herrschaftsverhältnisse, institutionelle Benachteiligungen und individuelle Überzeugungen verwiesen (Meulenbelt 1988; Kemper/Weinbach 2022). Während die Forschung zu und Beschäftigung mit Rassismus und Sexismus in den USA eine längere Tradition hat, kam sie in Deutschland erst vor wenigen Jahren in Bewegung. Bislang noch selten wurde das Konzept des Klassismus ausbuchstabiert (Kemper/Weinbuch 2022: 15). Alle drei Konzepte zielen auf strukturelle Probleme, integrieren allerdings auch Vorurteile und Abgrenzungen. Eine Besonderheit stellt der zuletzt immer häufiger verwendete Begriff des *Antifeminismus* da. Im Vergleich zum auf Rollenverteilungen in der Gesellschaft zielenden Sexismus bezeichnet er spezifischer die Bemühungen rechtspopulistischer Parteien und Akteure, Errungenschaften der feministischen Bewegung zurückzudrehen. Dies beinhaltet die Ablehnung von sogenannter »Gender-Forschung«, aber auch das Infragestellen von Frauenrechten, wie das Recht auf Abtreibung. Damit handelt es sich beim Antifeminismus stärker als beim Sexismus um einen politischen Kampfbegriff (Hoecker et al. 2020: 254–256).

Ausgehend von den Unterschieden in der Ausrichtung, unterscheiden sich Vorurteilsforschung und Rassismusforschung auch in den Zugängen zu ihrem Feld. Während die Vorurteilsforschung in starkem Ausmaß von quantitativ, experimentell oder qualitativ arbeitenden Sozialpsycholog:innen und Sozialforscher:innen durchgeführt wird, ist die rassismuskritische Arbeit deutlich stärker in der Zivilgesellschaft verortet und zeichnet historische Entwicklungen sowie Diskurse nach. Trotz vieler überzeugender Einzelbeispiele unterliegt die Rassismusforschung immer wieder der Kritik, zu normativ und zu wenig empirisch zu arbeiten, während die Vorurteilsforschung sich ihrerseits seitens der kritischen Rassismusforschung den Vorwurf gefallen lassen muss, zu kurz zu denken und mit ihrer Analyse zu spät und zu sehr auf das Individuum fixiert einzusetzen. Damit, so das Argument, übersehe man eben den strukturellen und institutionellen Rassismus, im schlimmsten Fall verdecke man ihn sogar und überschatte ihn mit Umfrageergebnissen. Diese Diskrepanzen in der wechselseitigen Wahrnehmung haben bis heute eine Zusammenarbeit und auch Referenz auf die Ergebnisse des anderen Zugangs erschwert. Es ist allerdings zu erwarten, dass sich beide Forschungsrichtungen in den nächsten Jahren im Sinne der Sache stärker miteinander verzahnen werden. Für Deutschland zu nennen seien nur die Aktivitäten in der Folge des Maßnahmenkatalogs der Bundesregierung zur Bekämpfung von Rassismus und Rechtsextremismus, die ihre Manifestation im nationalen Rassismusmonitor des Deutsches Zentrums für Integrations- und Migrationsforschung (DeZIM) und einer großen Verbundstudie zu Rassismus in Institutionen am Forschungsinstitut Gesellschaftlicher Zusammenhalt (FGZ) haben.

6.3.2 Die Verteilung von Vorurteilen in der deutschen Bevölkerung

Einen Einblick in Vorurteile, die auch Anzeichen für Rassismus mit sich führen, geben Analysen in entsprechenden Umfragen.[18] Die in Deutschland derzeit wichtigsten sind die Leipziger Autoritarismus Studien, die seit 2002 alle zwei Jahre durchgeführt werden (Decker/Brähler 2018, 2020), sowie die Mitte-Studien der Friedrich-Ebert-Stiftung, die in ungeraden Jahren stattfinden (Zick/Küpper 2021). Dabei wird einerseits die Existenz von Anschauungen der Ungleichwertigkeit und des Rassismus deutlich, andererseits aber auch Differenzierungen in der Breite der bestehenden Vorurteile. Anders gesagt, bestimmte Gruppen sind deutlich häufiger von Vorurteilen betroffen als andere, was auch auf unterschiedliche historische Entwicklungen und gesellschaftliche Verankerungen im Sinne der Rassismusforschung zurückgeführt werden kann. Ziemlich deutlich wird, dass Langzeitarbeitslose sowie Sinti und Roma (Fachbegriff: Antiziganismus) am stärksten von Vorurteilen und Ausgrenzung betroffen sind. Besonders das Vorurteil, dass Sinti und Roma kriminell seien, ist weit verbreitet. Stellt dieses noch ein klassisches Vorurteil dar, dürfte der Wunsch, Sinti und Roma aus den Innenstädten zu entfernen, schon eher eine Interpretation als Rassismus und rassistische Diskriminierung nahelegen. So dürfte die Ablehnung in erheblichem Umfang auf weitergegebene Mythen und Erzählungen beruhen. Eine besondere Bedeutung besitzt die Ablehnung von Menschen nach sozialen Lagen, der sogenannte *Klassismus*. Gerade bei Langzeitarbeitslosen wird das Grundverständnis einer Leistungsgesellschaft übergespitzt. Menschen, die aus der Sicht anderer Personen nichts zum »Volkseinkommen« beitragen, werden von mehr als der Hälfte der Bürger:innen als faul und überflüssig abgewertet. Immerhin jede:r Dritte weist auch Vorurteile gegenüber Wohnungs- und Obdachlosen auf. Beide Einschätzungen können mit Fug und Recht als Beispiel für die Existenz eines weit reichenden Klassismus interpretiert werden. Deut-

18 Inwieweit es sich bei in Umfragen erhobenen Einstellungen um Vorurteile oder einstellungsbasierten Rassismus handelt, kann allein ein genauer Blick auf die Fragestellungen und die fachgerechte Interpretation der gemessenen Einstellungen ermitteln.

lich geringer als die Abwertung von Langzeitarbeitslosen fällt die Abwertung von Menschen mit Handicaps (»Behinderungen«) aus.

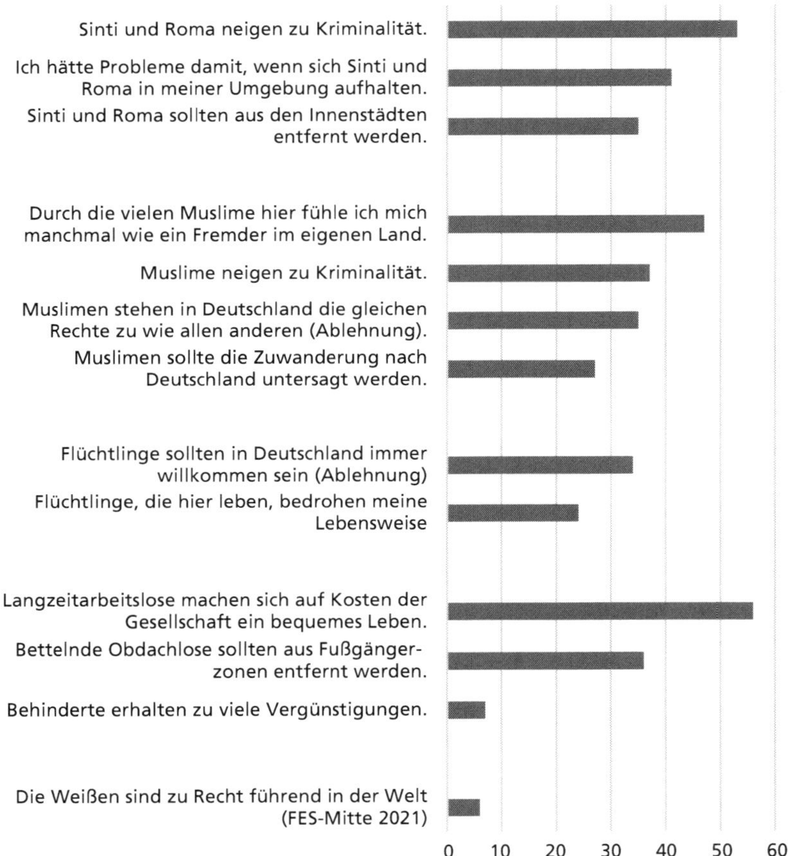

Abb. 6.1: Verteilung von Vorurteilen gegenüber sozialen Gruppen in Deutschland. Quelle: eigene Berechnungen; Leipziger Autoritarismus Studie 2020; Angaben in Prozent Zustimmung auf Skalen mit vier Antwortmöglichkeiten (stark zustimmend + zustimmend) – (stark ablehnend + ablehnend); ergänzend Aussagen zu antischwarzen Rassismus aus der Mitte-Studie der Friedrich-Ebert-Stiftung 2021 (Zick/Küpper 2021: 188–189); Zustimmung bei fünf Antwortkategorien, deswegen konzeptionell niedriger; alle Items in Originalform repräsentiert.

Ebenfalls stark verbreitet ist der *antimuslimische Rassismus* oder die Muslimfeindlichkeit, wie man sie auch von einem theoretischen Standpunkt bezeichnen mag.[19] Bei ihr scheinen vor allem Überfremdungsängste zu greifen. Dabei übersteigen die Vorurteile und die Ablehnung von Muslim:innen die stark mit ihr verbundene Ablehnung von Geflüchteten (siehe G. Pickel/S. Pickel 2019; Pollack et al. 2014). Eine Mischung aus Fremdheit und auch potentieller Gefährlichkeit – mit Blick auf die Verallgemeinerung von islamistischen Terrorismus – dürften hier genauso wichtig sein, wie die massiven Kampagnen der extremen Rechten für eine »Verteidigung des christlichen Abendlandes«.

Die seitens der Vorurteilsforschung verwendeten *Messinstrumente* haben sich über die Jahre hin entwickelt und etabliert. Zumeist lässt sich sagen, dass sie die hinter den Items liegenden *latenten Phänomene* (antimuslimischer Rassismus, Antiziganismus, Vorurteile gegenüber Geflüchteten) gut abbilden.[20] Gleichwohl zeigt die Betrachtung die Streuung nach Schwere der Ablehnung und des Vorurteils. Selbst wenn sich die Hälfte der Deutschen durch die steigende Zahl der Muslim:innen in Deutschland bedrängt fühlen, votiert nur ein Viertel für einen Zuwanderungsstopp. Dies öffnet so etwas wie ein Kontinuum oder ein Fenster von Vorurteilen und Rassismus, in dem sich Menschen einordnen lassen. Man besitzt unterschiedlich stark ausgeprägte Vorurteile gegenüber Muslim:innen. Allerdings handelt es sich durchaus um miteinander verbundene Ablehnungen: Wer einen Zuwanderungsstopp für Muslim:innen fordert, wird sich mit großer Sicherheit – das zeigen statistische Analysen – aufgrund der Anwesenheit von Muslim:innen fremd im eigenen Land fühlen (Pickel/Öztürk 2022). Aber daneben gibt es nicht wenige, deren Überfremdungsangst nicht so stark ausgeprägt ist, dass sie gleich einen Zuwanderungsstopp einfordern.

---

19 Im angelsächsischen Raum wird der Begriff Islamophobie verwendet. Da dieser aber gleichzeitig Abwertung und das Phobische, Ängstliche einbezieht, hat er sich als unklarer Begriff in Deutschland nicht durchsetzen können (Helbling 2012).

20 Latente Phänomene bezeichnen ein nicht direkt erfassbares Set an Überzeugungen wie z. B. Antiziganismus oder Antisemitismus. Dieses sichtbar zu machen, gelingt nur durch eine Art Zeichnung, in der über einzelne Fragen das Bild dieses Phänomens zusammengesetzt wird.

In der obigen Abbildung (▶ Abb. 6.1) noch nicht aufgeführt waren Aussagen zu *antisemitischen Ressentiments* oder Haltungen gegenüber sexueller und geschlechtlicher Vielfalt. Beide können als typische Bezugspunkte rechter und antidemokratischer Politik angesehen werden. Abbildung 6.2 zeigt Aussagen mit Blick auf antisemitische Ressentiments auf, Abbildung 6.3 widmet sich der Ablehnung von sexueller und geschlechtlicher Vielfalt. Für antisemitische Ressentiments wird heute zwischen einem traditionellen, als primär bezeichneten Antisemitismus, dem sekundären »Schuldabwehr« Antisemitismus und dem israelbezogenen Antisemitismus unterschieden (Salzborn 2014: 16–19; Öztürk/Pickel 2022b). Israelbezogener Antisemitismus unterscheidet sich von einer Israelkritik durch drei zentrale Kriterien: Dämonisierung des Handelns Israels, Delegitimierung des Staates Israel und Absprache seines Existenzrechtes sowie Anlegen doppelter Standards, in denen Israel Handlungen vorgeworfen werden, die bei anderen Staaten nicht beanstandet werden.

Antisemitische Ressentiments sind in Deutschland angesichts der öffentlichen Aufarbeitung nicht durchgehend sicher zu messen. So ist es mittlerweile auch Antisemit:innen bekannt, wie sie antworten müssen, um nicht als Antisemit:innen erkannt zu werden. Die auf diese Weise relativ niedrig ausfallenden Zahlen tradierten Antisemitismus führten im Zusammenspiel mit sehr starken Diskriminierungserfahrungen von Jüd:innen zur Markierung eines Paradoxes, des »Antisemitismus ohne Antisemiten« (Schönbach 1961; zu Ergebnissen siehe Beyer/Liebe 2020; Pickel/Tschiesche/Reimer-Gordinskaya 2022). Dass antisemitische Ressentiments nicht verschwunden sind, zeigt der Blick auf den sogenannten sekundären, oder *Schuldabwehrantisemitismus*. Dieser wird als *Umwegkommunikation* des Antisemitismus bezeichnet, da Antisemitismus nicht direkt angesprochen, aber verdeckt geäußert wird. Dabei kommt es immer wieder zu einer *Täter-Opfer-Umkehr*. Man macht Jüd:innen für die eigene (unangenehme) Schuldbewältigung verantwortlich. Diese Form des Antisemitismus ist in der deutschen Bevölkerung deutlich weiter verbreitet als der tradierte Antisemitismus (▶ Abb. 6.2; Unabhängiger Expertenrat Antisemitismus 2017) – besonders, wenn man die latente Zustimmung (also fehlende Ablehnung) hinzunimmt.[21] Gleiches gilt für den *israelbezogenen Antisemitismus*.

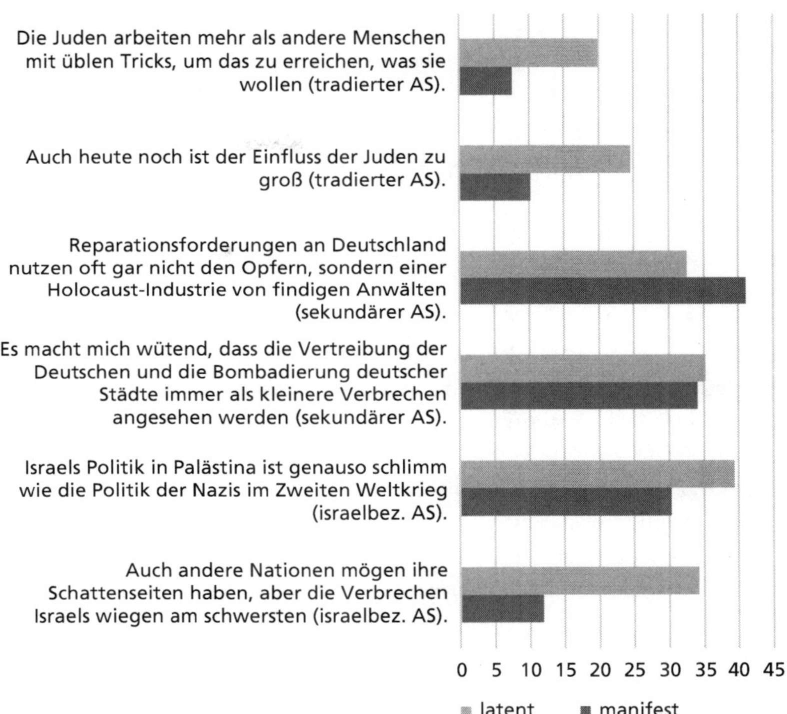

Abb. 6.2: Antisemitische Ressentiments in Deutschland. Quelle: Leipziger Autoritarismus Studie 2020; Angaben in Prozent Zustimmung auf Skalen mit fünf Antwortmöglichkeiten (stark zustimmend + zustimmend) – (stark ablehnend + ablehnend); Einbezug von weder zustimmend noch ablehnend als Latenz; siehe Kiess et al. 2020: 225–229.

21 Bei der Berechnung eines latenten Antisemitismus wird angenommen, dass eine Nichtablehnung von Antisemitismus auf einen verdeckten Antisemitismus hindeutet. Grundlage ist die historische Verantwortung Deutschlands, die andere Antworten als eine klare Ablehnung verdächtig erscheinen lässt. Diese in der Leipziger Autoritarismus Studie vorgenommene Erweiterung der Messung antisemitischer Ressentiments ist durchaus umstritten, gleichwohl verdeutlicht sie ein Kontinuum antisemitischer Ressentiments (Decker/Brähler 2020).

Auch für antisemitische Ressentiments ist typisch, dass sie stark mit *Verschwörungserzählungen* verwoben sind und auch heute in aktuellen Verschwörungsnarrativen auftauchen (Verweise auf den ungarischen Geschäftsmann George Soros als »jüdischen« Strippenzieher, der die Vernichtung und Umvolkung in Ungarn anstrebt, oder auf das jüdische Finanzkapital in den USA, das mit einer Kombination an Impfkampagnen und Bevölkerungsaustausch gegen Deutschland intrigiert). Teilweise sind die Verbindungen ungenannt und verdeckt, teilweise offen. Da gerade die Offenheit von Menschen für Verschwörungserzählungen ein wichtiger Faktor der Delegitimierung der Demokratie ist, verbinden sich antisemitische Ressentiments häufig und problemlos mit antidemokratischen Positionen oder werden in den entsprechenden Milieus so kommuniziert.

Eine letzte Gruppe von Vorurteilen, die häufig in Untersuchungen *intersektionaler Abwertung*[22] aufscheinen, manifestiert sich in der Ablehnung sexueller und geschlechtlicher Vielfalt. Menschen mit entsprechenden Vorurteilen sind unzufrieden mit den zunehmenden Rechten von Lebensformen, die nicht ihrem »natürlichen« Bild einer heterosexuellen Beziehung entspricht. Sie lehnen häufig Bestrebungen nach mehr Frauenrechten und insbesondere den Feminismus aktiv ab. Dabei werden die Breite und eigene Wahl sowohl verschiedener Geschlechtsidentitäten als auch sexueller Orientierungen abgelehnt.

Wie bei antimuslimischer Vorurteilen haben Menschen mit entsprechenden Vorurteilen ihre Heimat bei rechtspopulistischen und rechtsradikalen Parteien wie in Deutschland die *AfD* gefunden, ohne dass sie auf diese begrenzt sind (Lewandowsky/Giebler/Wagner 2016). Drei Formen werden in Abbildung 6.3 aufgeführt: *Homophobie*, *Sexismus* und *Antifeminismus*. Ebenfalls zu nennen sind *Misogynie* oder *Transphobie*. Die Ablehnungen fallen häufig zusammen, d. h. Menschen, die sexistische Einstellungen haben, sind sehr oft auch homophob oder transphob. Diese Vorurteile finden sich derzeit in Deutschland immerhin

22 Intersektionalität bezeichnet das Zusammenfallen von Abwertungsmerkmalen, meist mit einer Verstärkung der Abwertung. Ein Beispiel ist die Abwertung von Kopftuch tragenden Muslim:innen. Sie werden sexistisch und wegen ihrer Zugehörigkeit zu einer islamischen Gemeinschaft diskriminiert.

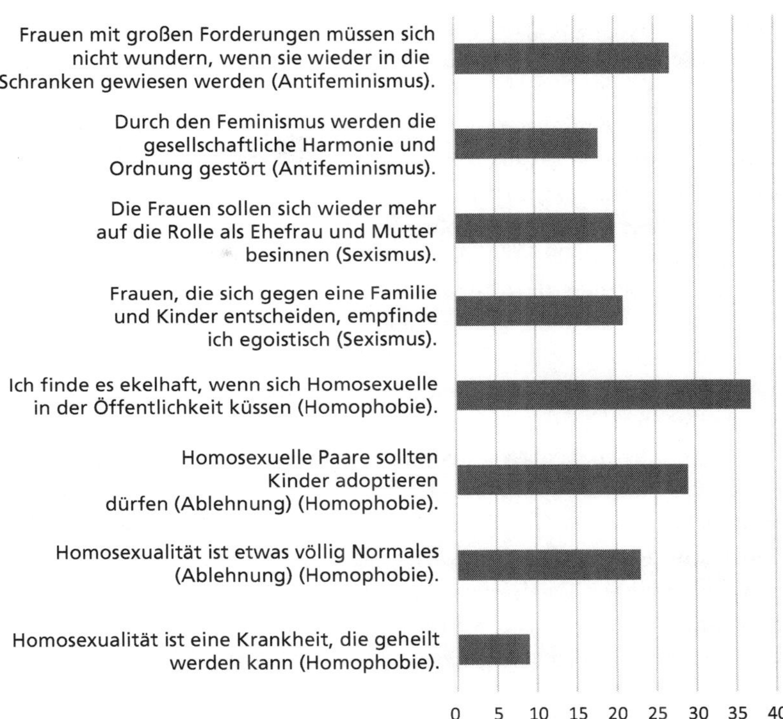

Abb. 6.3: Vorurteile gegenüber sexueller und geschlechtlicher Vielfalt in Deutschland. Quelle: Eigene Berechnungen; Leipziger Autoritarismus Studie 2020; Angaben in Prozent Zustimmung auf Skalen mit vier Antwortmöglichkeiten (stark zustimmend + zustimmend) – (stark ablehnend + ablehnend).

bei ca. einem Viertel der Einwohner:innen (▶ Abb. 6.3). Gerade bei der Homophobie zeigt sich wieder das bereits aufgezeigte »Ablehnungskontinuum«. So gibt es nicht wenige, die sich zwar ekeln, wenn Menschen gleichen Geschlechts sich küssen, aber Homosexualität nicht als behandelbare Krankheit ansehen. Stabil um ca. 20 % bewegen sich sexistische Äußerungen. Sie zielen auf eine Rückkehr zu einem traditionellen Rollenverständnis und eine Wiederherstellung von hierarchischen Machtbeziehungen zwischen Männern und Frauen. Letzteres spiegelt sich besonders in den Aussagen zum Antifeminismus wider. Diese bewegen sich zwischen knapp unter 20 und über 30 %, je nach Formulierung (Hoecker et al. 2020: 262). Gleichwohl unterscheidet sich der Antifeminismus durch seine wesentlich stärkere politische Aufladung und Ausrichtung gegen den organisierten Feminismus vom einfachen Sexismus. Dies zeigen auch empirische Studien (Hoecker et al. 2020: 263–265). Auch für diese Äußerungen gilt: Sie stehen in einem ungünstigen Verhältnis zu prodemokratischen Äußerungen. Über statistische Analysen kann belegt werden, dass Vorurteile nicht gut mit demokratischen Vorstellungen korrespondieren und eine demokratische politische Kultur unterlaufen (G. Pickel et al. 2020: 105). Sexismus, Antifeminismus, Homophobie oder Transphobie sind einer demokratischen politischen Kultur abträglich.

Es wird deutlich, dass (nicht nur) in Deutschland Vorurteile und Rassismen existieren. Man findet Rassismus in bewusster und unbewusster Form in der Gesellschaft verankert, zum einen als struktureller und institutioneller Rassismus, zum anderen als spezifische Vorurteile und individueller Rassismus. Historische und ideologische Grundbedingungen, auch mit dem Versuch, Macht- und Dominanzverhältnisse in den Gesellschaften aufrechtzuerhalten, variieren gelegentlich beachtlich zwischen unterschiedlichen Gruppen und setzen auf unterschiedlichen Ebenen an, wie z. B. der Antisemitismus zeigt. Zum einen werden diese in der Bevölkerung in unterschiedlicher Ausprägung vorkommenden Vorurteile, Ressentiments und Rassismen von rechten Akteuren für die eigene Mobilisierung gegen die (plurale) Demokratie genutzt. Zum anderen besitzen Rassismus und Vorurteile generell eine für die Demokratie ungünstige Wirkung, etablieren sie doch ein Denken von Ungleichwertigkeit, Dominanz, Verweigerung von Teilhaberechten und einer auf Äußerlichkeiten beruhenden Distinktion. Und dieses Problem wirkt – ganz abgesehen von dem undemokratischen Umgang mit denjenigen, die tagtäglich Erfahrungen von Rassismus und rassistischer Diskriminierung ausgesetzt sind – auch auf die politische Kultur einer Gesellschaft.

6.4 Demokratie, aber bitte gelenkt? Inanspruchnahme von Demokratie

Eine andere mit dem Rechtspopulismus verbundene Variante der Einschränkungen der Demokratie sind autokratische politische Systeme, die für sich eine Einordnung als Demokratie in Anspruch nehmen. In der politikwissenschaftlichen Fachliteratur wird dort, wo solche Bewegungen weg von der liberalen Demokratie bereits vollzogen wurden, von *Fassadendemokratien* oder *elektoralen Autokratien* (Levitsky/Way 2002; Schedler 2006) gesprochen. Ziel der Herrschenden ist es, über die Nutzung des Begriffs Demokratie Legitimität zu erhalten und Legitimation für die eigene Herrschaft zu erzeugen, obwohl sie Willens sind, autoritär zu regieren (G. Pickel 2013). Geht man in der klassischen Demokratieforschung von einem Gegensatz zwischen Autokratie und Demokratie mit Zwischenstufen von defekter Demokratie bis hin zu hybriden Regimen aus, so ist der Blickwinkel in aus westlicher Sicht autoritären bis autokratischen Regimen ein durchweg anderer (G. Pickel/S. Pickel 2022: 40–53). Um nicht die positiv besetzte Eigenklassifikation als Demokratie zu verlieren, wird auf deren spezielle historische und kulturelle Prägung in der westlichen Kultur verweisen – und sich damit von aus Demokratie erwachsenden Selbstbeschränkungen gelöst. So sei die liberale, repräsentative Demokratie eben ein historisch kontingent gewachsenes Produkt des Westens, aber nicht der Orientierungsmaßstab für alle Demokratien der Welt.[23] Diese Argumentation enthebt nun der Einhaltung der Prinzipien und Standards, die im westlichen Modell an eine Demokratie angelegt werden. So zeigen Untersuchungen im asiatischen Raum, dass bei diesen Umdeutungen des Begriffs Demokratie nicht nur die freiheitlichen Aspekte einer Demokratie unterlaufen werden, auch wichtige Kontrollmechanismen der Herrschenden werden außer Kraft gesetzt. Selbst wenn die Umdeutungen als Antwort auf einen *westlichen Ethnozentrismus* erscheinen können, so muss man sich fragen, ob nicht der Schutz indivi-

---

23 Diese Eigenbeschreibung ist zu unterscheiden von kritischen Anfragen der transkulturellen politischen Theorie an eine zu wenig reflexive westliche Deutung der Demokratie (Weiß 2020; Schubert/Weiß 2020).

dueller Freiheiten (z. B. von Frauenrechten) und ein faires Wahlregime Grundbedingung für jedwede Form von Demokratie darstellen.

Der:die erste Machthaber:in, der:die diese Vorstellungen und Umdeutung von Demokratie für sich in Anschlag brachte, war Vladimir Putin. Er wählte als Selbstbezeichnung Russlands den Begriff der *gelenkten Demokratie*, der in der Folge vor allem in Osteuropa Furore machte. Damit verbunden ist ein Leitbild von Steuerung durch autoritäre Herrscher:innen, das gelegentlich demokratische Elemente einbezieht. Solche politischen Systeme sind gekennzeichnet durch die Ausrichtung von Wahlen und das Aufrechterhalten einer demokratischen und rechtsstaatlichen Fassade. Die Wahlen werden aber nicht, wie in einer Demokratie vorgesehen, zur Beteiligung der Bürger:innen an der Herrschaft, sondern als Mittel zum inneren wie äußeren Legitimationsgewinn verwendet. So soll den Bürger:innen der Eindruck einer Demokratie vermittelt werden, die mit (am besten überwältigender) Mehrheit die:den Herrscher:in unterstützt. Fast wichtiger noch ist die Fassade, die nach außen vertreten wird: Man erweckt den Eindruck, seine Bürger:innen zu beteiligen, und nimmt das Recht in Anspruch, von sich selbst als Demokratie zu sprechen – und damit gleichwertig zu anderen Demokratien zu sein. Dies ist bedeutsam für die Durchsetzung von eigenen Zielen in supranationalen Organisationen. Gleichzeitig will man Sanktionen oder Einschränkungen in Handelsbeziehungen oder politischen Beziehungen mit Demokratien vermeiden. In der Realität unterlaufen diese politischen Regime und ihre Herrscher:innen an vielen Stellen die Grundregeln fairer und freier Wahlen, um abzusichern, dass sie diese Wahlen nicht wirklich verlieren können. Die Wahlteilnahme wird von Repressionen und/oder medial von einer einförmigen Propaganda begleitet. Für diese Propaganda ist es wichtig, einen möglichst großen *Einfluss auf die Massenmedien* und die Ausbildungsinstitutionen zu besitzen. So sieht man dann oft, dass der:die angehende Autokrat:in großer Teile der Presse übernimmt und kritische Presseorgane und Journalist:innen Stück für Stück ausschaltet. Das Paradebeispiel ist die Entwicklung der letzten zehn Jahre in Ungarn, immerhin einem Land in der Europäischen Union.

Während auf der einen Seite die eigene Demokrate – im ungarischen Fall »gelenkte Demokratie« – gepriesen wird, wird auf der anderen Seite die Konzeption der liberalen Demokratie seitens Herrscher:innen von elektoralen Autokratien in Frage gestellt. Sie verweisen darauf, dass die liberale Demokratie westlicher Prägung nur eine kontingente Form der Demokratie sei, die in einem spezifischen Kulturraum entstanden sei. Andere Kulturräume bräuchten unter Berücksichtigung ihrer historischen Entwicklung und kultureller Kontexte vielleicht eine andere Form, die man aber auch Demokratie nennen dürfe. Diese Vorgehensweise einer kulturellen Argumentation der Differenz im Demokratieverständnis wird z. B. in China genutzt, wo auf die Repräsentation der Bürger:innen in einer Volksrepublik verwiesen wird, die aus kulturell-historischen Gründen anders ausfalle, aber nicht geringwertiger als das westliche Demokratiekonzept sei. Teilweise findet man Länder, die entsprechende Wege im Zuge einer Regression von Demokratie einschlagen. So werden zwar noch freie Wahlen abgehalten, aber durch eine fast vollständige Kontrolle des Mediensystems die Rahmenbedingungen für den Machterhalt geschaffen. Entsprechende Entwicklungen finden sich in Russland und in abgeschwächter Form in Ungarn. Dort kommt es zu *unfairen Teilhabemitteln im Wahlkampf*, die einen Machtverlust zumindest deutlich erschweren – allerdings noch nicht unmöglich machen. Begleitende Maßnahmen sind deswegen gerne die Umbesetzung von Gerichtshöfen und die Etablierung von nicht antastbaren Kontrollinstanzen, die mit eigenen Leuten besetzt werden. Diese könnten den – unwahrscheinlichen – Fall eines Verlustes der Wahlen meist überdauern, sind sie doch vom Einfluss der neuen Regierung dann entkoppelt.

Ein weiteres Element der Legitimierung ist ökonomischer Erfolg oder der Appell an die Gemeinsamkeit und Identität einer Nation. Nationalismus dient als Berechtigungsstruktur der Herrscher:innen, hart gegen (angebliche) Feinde des Volkes und ausländische Interessen vorzugehen. Letzteres schließt zum Beispiel die Ausschaltung von internationalen Nichtregierungsorganisationen und zivilgesellschaftlichen Organisationen ein. Sie sind wenig kalkulierbar und vertreten ihrer Genese oft demokratische Grundwerte. Sowohl in Osteuropa als auch in Südamerika sind es meist Rechtspopulist:innen, die durch eine starke völkisch-nationalistische Argumentationsstruktur versuchen, die Bürger:innen auf ihre Seite zu ziehen. Durch eine Mischung aus Unterdrückung der Gegner, massiven Medien- und Propagandaeinsatz sowie Appelle an das Nationalgefühl in Zeiten einer äußeren Bedrohung wird versucht, möglichst umfangreiche Herrschaftsmacht zu erlangen (Przeworski 2019: 90–122). Ist allerdings die Demokratie erst einmal eingeschränkt, dann ist der Weg in eine vollständige Autokratie nicht mehr weit. Meist handelt es sich bei diese (gelenkten) »Demokratien« um politische Systeme, die noch demokratische Elemente oder zumindest deren Anschein aufrechterhalten, gleichzeitig aber einen Machtwechsel durch die Besetzung fast aller wichtigen Kontrollinstanzen und -posten durch »eigene Leute« kontrollieren (wollen) (Collier/Levitsky 1997). So sind sie auch abhängig von einer charismatischen Führungsperson. Typische Zeichen für diese Systeme sind Sultanismus, Korruption und Klientelismus, auch wenn sie oft mit dem angeblichen Ziel antreten, diese zu bekämpfen. Demokratietheoretisch sind sie entweder dem Typus hybride Regime oder defekte Demokratien, wenn nicht dann gar schon der Autokratie zuzuordnen (G. Pickel/S. Pickel 2022: 53–56).

6.5 Fazit – Gefahrenlagen der Demokratie: Populismus und Postdemokratie

In diesem Kapitel wurden aktuelle Schwierigkeiten, Herausforderungen und Gefährdungen der Demokratie und speziell der liberalen Demokratie, wie sie aus der westlichen Welt bekannt ist, dargestellt. Problemlagen des aufkommenden *Populismus*, in Europa meist Rechtspopulismus, treffen auf Wünsche nach Deliberation unter den Bürger:innen und lenken diese gelegentlich in für die liberalen Demokratien gefährliche Bahnen. Dabei wird eine Differenz zwischen den schlechten und auf Eigennutz bedachten Eliten und einem guten und homogen verstandenen Volk aufgemacht. Nur Vertreter:innen rechtspopulistischer Parteien – so das plakative Argument – seien in der Lage, den »wahren Willen des Volkes« zu erspüren und zu vertreten. Angriffe auf liberale Politiker:innen, Migrant:innen sowie Mitglieder von Minderheiten sind probate

Mittel, um das eigene Klientel an sich zu binden. Gleiches gilt für die Dämonisierung anderer gesellschaftlicher Entwicklungen, speziell, wenn sie eine Veränderung mit sich bringen. Gerade die Fluchtbewegungen seit 2015 haben Unruhe in den Bevölkerungen erzeugt und wurden in ganz Europa durch von Rechtspopulist:innen oft verschwörungstheoretisch angeheizte öffentliche Diskurse aufgegriffen, verschärft und zum eigenen Nutzen in Wahlen verwendet. Vorurteile, die Ablehnung sexueller und geschlechtlicher Vielfalt und ein lange etablierter Rassismus sind zentrale Ansatzpunkte für rechte Gruppen. Aufgrund der teils beachtlichen Wahlerfolge, die Rechtspopulist:innen (zumindest temporär) sogar in die Regierungsverantwortung gebracht haben, wird die Entwicklung des Populismus respektive des völkisch-nationalistisch ausgerichteten Rechtspopulismus von Politikwissenschaftler:innen als momentan stärkste Gefahr der liberalen Demokratie – oder Demokratie überhaupt – eingeschätzt.

Doch auch von einer anderen Seite droht der Demokratie Gefahr. Folgt man Colin Crouch, dann ist die europäische Demokratie auf dem Weg, sich in eine *Postdemokratie* zu verwandeln, also ein System, das funktional und formell noch eine Demokratie ist, in deren neoliberalistischer Ausprägung aber ökonomische Interessen andere Interessen überlagern. Nicht die Bürger:innen, nicht mal die Politiker:innen, sondern das neoliberale Kapital lenkt die politischen Entwicklungen, sei es durch Drohpotenziale oder durch Lobbyismus. Zwar handelt es sich noch nicht um die Form einer *gelenkten oder Fassadendemokratie*, in der die Rechte der Bürger:innen genauso eingeschränkt werden wie alle Möglichkeiten der Kontrolle, aber auch hier sind es Medienmacht und Macht über die Medien, welche den Wahlerfolg sichern. In der Postdemokratie wird Zivilgesellschaft und Parteien noch zugetraut, Bürgerinteressen zu Gehör zu bringen. In Fassadendemokratien, wie sie sich in Osteuropa, Asien und Lateinamerika an einigen Stellen entwickeln, dienen die Bürger:innen entweder der Staffage, der eigenen Legitimation oder gelten als Agent:innen eines äußeren Feindes. Vor diesem Hintergrund ist es wenig verwunderlich, dass gelenkte Demokratien und Rechtspopulismus (mehr als der in Europa seltene Linkspopulismus) oft eine Symbiose zu Ungunsten der Demokratie eingehen und sich im schlimmsten Fall in eine meist durch eine Person gelenkte Autokratie verwandeln.

Ein Transportmittel auf dem Weg der Rechtspopulist:innen und der extremen Rechten überhaupt ist die Aktivierung von bestehenden *Vorurteilen* und *Rassismen*. Sie dienen den antidemokratischen Kräften als Mobilisierungsfaktor. Durch eine auf Abgrenzung von anderen Gruppen ausgerichtete Polemik wird versucht, völkisch-nationalistische Argumentationen und Selbstdarstellungen zu verbreiten und bestehende Abgrenzungen zu (ver-)stärken. Dies gelingt besonders gut, wenn die andere Gruppe als bedrohlich dargestellt werden kann. Nachdem dies lange Zeit vor allem muslimische Migrant:innen waren, rückten zuletzt immer mehr Vertreter:innen der anwachsenden sexuellen und geschlechtlichen Vielfalt in den Fokus der Ablehnung. Gesetze gegen »Werbung« für Homosexualität und Transsexualität, z. B. in Ungarn, oder das Verbot von Abtreibung in mehreren Bundesstaaten der USA sind Beispiele hierfür. Rassismus und Vorurteile wirken nicht allein auf der rechten ideologischen Seite, sondern sie sind mitten in der Gesellschaft zu finden. Sie verhindern die in Demokratien eigentlich gewährleistete Teilhabe für alle sozialen Gruppen und verfestigen Herrschaftsverhältnisse, die nicht frei, fair und gerecht sind. Die daraus erwachsene Herausforderung für die Demokratie ist beachtlich. So gilt es, Rassismus und Vorurteile zurückzudrängen, um einen Zusammenhalt in der ganzen Gesellschaft zu erreichen. Dies impliziert die Bekämpfung der nur der extremen Rechten helfenden gesellschaftlichen Polarisierung.

Weiterführende Literatur

Adorno, Theodor W. (1971): *Studien zum autoritären Charakter.* Frankfurt/Main: Suhrkamp.

Allport, Gordon (1997): *The Nature of Prejudice*. New York: Perseus.

Butter, Michael (2018): »Nichts ist, wie es scheint«. Über Verschwörungstheorien. Frankfurt/Main: Suhrkamp.

Crouch, Colin (2008): *Postdemokratie*. Frankfurt/Main: Suhrkamp.

De Wilde, Pieter/Koopmans, Ruud/Merkel, Wolfgang/Strijbis, Oliver/Michael Zürn (Hrsg.) (2019): *The Struggle over Borders. Cosmopolitanism and Communitarism*. Cambridge: Cambridge University Press.

Decker, Oliver/Brähler, Elmar (2020): *Autoritäre Dynamiken. Alte Ressentiments – neue Radikalität.* Gießen: Psychosozial.

Eatwell, Roger/Goodwin, Matthew (2018): *National Populism. The Revolt Against Liberal Democracy.* London: Palgrave.

Heitmeyer, Wilhelm (2010): *Deutsche Zustände. Folge 10.* Frankfurt/Main: Suhrkamp.

Jörke, Dirk (2011): Bürgerbeteiligung in der Postdemokratie. in: *Aus Politik und Zeitgeschichte* 1–2/2011: 13–18.

Jörke, Dirk/Selk, Veith (2017): *Theorien des Populismus. Zur Einführung.* Hamburg: Junius.

Lavorano, Stephanie (2019): *Rassismus*. Stuttgart: Reclam.

Levitsky, Steven/Ziblatt, Daniel (2018): *How Democracies Die.* New York: Random House.

Moffit, Benjamin (2016): *The Global Rise of Populism. Performance, Political Style and Representation.* Stanford: Stanford University Press.

Mouffe, Chantal (2007): *Über das Politische. Wieder die kosmopolitische Illusion.* Frankfurt/Main: Suhrkamp.

Mounk, Yascha (2018): *The People vs. Democracy. Why our Freedom is in Danger & How to Save it.* Cambridge: Cambridge University Press.

Mudde, Cas/Kaltwasser, Christobal Rovira (2017): *Populism. A Very Short Introduction.* Oxford: Oxford University Press.

Norris, Pippa/Inglehart, Ronald (2019): *Cultural Backlash. Trump, Brexit, and Authoritarian Populism.* Cambridge: Cambridge University Press.

Pappas, Takis S. (2019): *Populism and Liberal Democracy.* Oxford: Oxford University Press.

Priester, Karin (2007): *Populismus. Historische und aktuelle Erscheinungsformen*. Frankfurt/Main: Campus.

Przeworski, Adam (2019): *Crises of Democracy*. Cambridge: Cambridge University Press.

Ritzi, Claudia/Schaal, Gary (2010): Politische Führung in der Postdemokratie. In: *Aus Politik und Zeitgeschichte* 2–3/2010: 9–14.

Taggart, Paul (2000): *Populism*. Buckingham: Open University Press.

Wodak, Ruth (2016): *Politik mit der Angst. Zur Wirkung rechtspopulistischer Diskurse.* Wien: Edition Konturen.

Zick, Andreas/Küpper, Beate (2021): *Die geforderte Mitte. Rechtsextreme und demokratiegefährdende Einstellungen in Deutschland 2020/21*. Bonn: Dietz.

7 Deliberation in Bürgerräten: Die Antwort auf die Krisenerscheinungen?

7.1 Deliberative Ideen

Als Antwort auf die Problembeschreibung der Postdemokratie wird häufig eine Lösung angeboten, die den Bürger:innen mehr Raum für Mitsprache und Mitentscheidung im politischen Willensbildungs- und Entscheidungsprozess einräumt – die *Deliberation*. Unter Deliberation versteht man »die argumentative Suche nach und die Gewichtung von Gründen für und gegen Handlungsoptionen durch eine Gruppe« (Landwehr 2012: 360), »die argumentativ abwägende, verständigungsorientierte Beratschlagung« (Schmidt 2010: 237). Dialog und Öffentlichkeit gehören ebenso zum deliberativen Prozess wie der Ausschluss privater Motive und Machtinteressen. Genau genommen kann Deliberation nur in Verbindung mit Demokratie gesehen werden, geht sie doch von einer einflussreichen und stärkeren, direkten Beteiligung der Bürger:innen aus. Der deliberative Prozess will ein »Teilnehmen, Teilhaben, Seinen-Teil-Geben und [eine] innere Anteilnahme am Schicksal eines Gemeinwesens« (Schmidt 2010: 236) sein, also eine qualitativ hochwertige maximale Beteiligung auf der Seite des *Input* in das politische System (Gutman/Thompson 1996). Diese Beteiligung produziert einen qualitativ hochwertigen, gemeinwohlorientierten *Output* des politischen Systems und zugleich ein hochwertiges *Outcome*: politisch aufgeklärte, involvierte und zum fairen Diskurs fähige Bürger:innen (Dryzek 1990; Schaal/Ritzi 2009: 5). Als demokratietheoretischer Begriff eingeführt von Bessette (1980), entwickelte insbesondere Jürgen Habermas (1992) mit seinen Überlegungen zum herrschaftsfreien Aushandeln von Entscheidungen die Ideen der Deliberation zum heutigen Stand weiter.

Zentral für deliberative Demokratien sind eine zivilgesellschaftliche Öffentlichkeit und ein Prozess der breiten Konsensfindung: Möglichst viele Bürger:innen werden in die politische Entscheidungsfindung auf der Basis von Information und (gleichberechtigter) Argumentation eingebunden und erzeugen dadurch einen steigenden Druck auf das politische System. Ein Prozess ist dann deliberativ, wenn er folgende Eigenschaften aufweist (Landwehr 2012: 362):

1. *Machtfreiheit*: Kein:e Teilnehmer:in übt Macht über eine:n andere:n aus.
2. *Gewaltfreiheit*: Die Auseinandersetzung um eine Lösungsfindung erfolgt auf rein argumentativer Ebene.
3. *Gleichheit*: Alle Teilnehmer:innen haben die gleichen Möglichkeiten, gehört zu werden.
4. *Offenheit*: Die Agenda obliegt den Teilnehmer:innen. Alle Fragen und Probleme können artikuliert werden.
5. *Inklusion*: Keine Gesellschaftsgruppe, keine Perspektive und kein Argument werden ausgeschlossen.
6. *Öffentlichkeit*: Der Diskurs erfolgt öffentlich oder wird der Öffentlichkeit zugänglich gemacht.

Habermas (1992) hebt die hohe Wertigkeit der Legitimität von Entscheidungen hervor, die in einem deliberativen Prozess unter Bedingungen eines informierten Austausches ohne dominierendes Mehrheitsprinzip getroffen werden (Buchstein/Jörke 2007: 34). Durch die Beteiligung vieler in einem verständnisorientierten, fairen und öffentlichen Diskurs liege der gefundene Kompromiss näher am Gemeinwohl als eine Entscheidung nach dem Repräsentationsprinzip.

> »Die deliberative Politik gewinnt ihre legitimierende Kraft aus der diskursiven Struktur einer Meinungs- und Willensbildung, die ihre sozialintegrative Funktion nur dank der Erwartung einer vernünftigen Qualität ihrer Ergebnisse erfüllen kann. Deshalb bildet das diskursive Niveau der öffentlichen Debatten die wichtigste Variable« (Habermas 1992: 369).

Als Ressourcen der deliberativen Politik nennt Habermas »eine freiheitliche politische Kultur und eine aufgeklärte politische Sozialisation, vor allem [...] die Initiativen meinungsbildender Assoziationen« (1992: 367).

Hier gibt es allerdings ein Problem: Eine deliberative Demokratie ist höchst voraussetzungsvoll (Strecker/Schaal 2009: 111). Sie setzt auf eine ausgebildete *Civic Culture*, eine demokratische politische Kultur mit umfangreicher politischer Bildung über alle Sozialisationsinstanzen hinweg und auf die Möglichkeit und Befähigung der Bürger:innen, sich mit anderen zusammenzuschließen, um nach informiertem politischen Diskurs zu einer gemeinwohlorientierten Lösung zu kommen. In einer parochialen oder Untertanenkultur ist kein deliberativer Entscheidungsfindungsprozess möglich (Almond/Verba 1963, 1980; S. Pickel/G. Pickel 2006; ► Kap. 3).

Entsprechend setzt die *Kritik* am deliberativen Demokratiemodell am Standardmodell der politischen Beteiligung an (Schmidt 2010: 244–251): Grundbedingung der Teilnahme an der politischen Willensbildung sind sozioökonomische Ressourcen (Bildung und Einkommen, Alter, Geschlecht, ethnische Zugehörigkeit; Elsässer et al. 2017; Jörke 2010), eine positive Einstellung zur Politik (z. B. Parteiidentifikation) und starke Gefühle einer *internal efficacy*, eine Überzeugung, als Bürger:in politisch etwas bewirken zu können (Vetter 1997). Diese Vorgaben sind aber nicht immer und schon gar nicht über alle sozialen Milieus erfüllt. Damit besteht kein gleicher Zugang zum Diskussionsprozess. Weitere Kritik setzt an den vorausgesetzten hohen kognitiven Fähigkeiten der Bürger:innen an und vermutet, sie würden durch die Diskurse überfordert (Lauth et al. 2014: 193–194). Die Bürger:innen seien nicht so kompetent und gemeinwohlorientiert, wie in deliberativen Theorien angenommen (Jörke 2012). Kluges Zuhören, eine Selektion relevanter und v. a. zutreffender Information könnten viele nicht leisten (Barber 1984). Vielmehr setzt sich durch, wer am längsten bleibt (Deliberation als »Diktatur des Sitzfleischs«; Weinreich nach Schmidt 2010: 247) – oder wer am besten oder am lautesten reden kann. Zudem fördert gerade Eigeninteresse die Beteiligungsbereitschaft massiv, während eine Distanz zum Entscheidungsobjekt eher zur Absenz in den Diskursen führt. Konsequenz aus diesen einzelnen Einwänden: Eine hohe fortwährende Beteiligung überfordere die demokratische Ordnung, weil für viele Streitfragen keine gemeinwohlorientierte Lösung gefunden werden kann.

Diese Kritik schließt an das *Civic-Culture*-Modell der politischen Kulturforschung an: Eine *Civic Culture* kann nur entstehen, wenn sich manche Bürger:innen der Politik enthalten (Parochiale), manche die politischen Entscheidungen hinnehmen (Untertan:innen) und manche sich politisch beteiligen (Partizipierende). Hinzu tritt das seit Jahrhunderten hartnäckigste Argument: Unter den Bedingungen der Beteiligung vieler ist es nicht möglich, effektive und effiziente Entscheidungen zu treffen. »Viele Köche verderben den Brei«, ist das Mantra hinter diesen Vorwürfen. Auch Populist:innen können profitieren, könnten doch redegewandte Personen in heterogenen Gruppen sich einer gezielten Desinformation und manipulativer Steuerungsmethoden der Mehrheitsgewinnung bedienen (Przeworski 1998). Und sowieso sei ohne Institutionalisierung, ohne Verankerung in den Staatsverfassungen, ein qualitativ hochwertiger Prozess und ein »herrschaftsfreier Diskurs« (Habermas 1981) in Massendemokratien nicht herzustellen. Wenn, so der Schluss aus diesen Überlegungen, dann funktioniere Deliberation am besten – aus Sicht der Kritiker:innen alleine – in kleinformatigen Kontexten (auf lokaler Ebene).

Tatsächlich sind einige *Schwächen der Deliberation* kaum wegzudiskutieren. Elsässer (2018) belegt in einer empirischen Studie, dass die Zugehörigkeit zu einer unteren sozialen Klasse die Chance verringert, in der politischen Willensbildung Gehör zu finden. Hier besitzen Bürger:innen mit einem bestimmten sozial-ökonomischen Hintergrund sowie hoher Bildung klare Vorteile. Dies konnte schon der Soziologe Pierre Bourdieu (1982) mit seiner Bestimmung unterschiedlicher, aber miteinander verbundener Kapitalsorten gut belegen. So findet sich bei besser gebildeten Personen neben dem ökonomischen und kulturellen Kapital (Ausdrucksformen, Redefähigkeiten) beachtliches soziales Kapital (Beziehungen). Politische Gleichheit umzusetzen, sei die Sache der deliberativen Demokratie nicht, vielmehr führe sie zu einer Dominanz akademisch gebildeter Schichten, so Jörke (2012).

Ist Deliberation also nur etwas für reiche, gut gebildete Menschen – meist Männer (Sanders 1997)? So einfach dürften die mit der deliberativen Demokratie verbundenen Ansprüche nicht zur Seite zu schieben sein. Viele dieser Kritikpunkte sind inzwischen widerlegt bzw. wurden in der Umsetzung deliberativer Prozesse produktiv und konstruktiv aufgegriffen: Bürgerräte funktionieren unter Nutzung ganz unterschiedlicher Kommunikationsformen in lokalen, regionalen und nationalen

Settings und bringen qualitativ hochwertige, die Gesamtgesellschaft betreffende und äußerst schwierige politische Entscheidungen hervor. Als Beispiel seien nur die Entscheidungen in Irland mit Blick auf das Abtreibungsrecht genannt. Die Entscheidungen werden in den weiteren parlamentarischen Prozess zur politischen Willensbildung eingespeist oder führen zu Referenden, um der Souveränität des ganzen Volkes Rechnung zu tragen. Verschiedene dieser Umsetzungen sollen nun im Folgenden als Beispiele für eine Umsetzung unterschiedlicher Ideen der deliberativen Demokratie näher betrachtet und kritisch beleuchtet werden.

7.2 Bürgerräte und Deliberation als Respektsbezeugung vor den Bürger:innen

Eine starke Bürgerbeteiligung als Gegenpol zur sogenannten politischen Elite ist eines der Kennzeichen populistischer Politik. Bürger:innen seien den Eliten an »Volksnähe« überlegen und besser in der Lage, zum Wohle aller Entscheidungen herbeizuführen. In dieser Vorstellung wird die repräsentative Demokratie durch eine wie auch immer ausgearbeitete direkte Demokratie nach Majoritätsprinzip ersetzt (Merkel/Ritzi 2017). Letztlich wird aber keine wirklich verankerte Bürgerbeteiligung, sondern eher eine kollektive Herrschaft durch sich selbst autorisierende Vertreter:innen angestrebt. Was unterscheidet nun deliberative Formen der Demokratie von diesen sich bürgernah gebenden Beteiligungsabsichten?

Zunächst werden deliberative Prozesse in der Regel als *Ergänzung* zu bestehenden Institutionen der repräsentativen Demokratie verstanden und eingesetzt. Sie stehen also neben – nicht entgegengesetzt zu – den formellen Institutionen politischer Willensbildung. Damit befähigen sie die gewählten Repräsentant:innen, einen differenzierten Bericht von Bürgerräten in ihre Entscheidungsfindung einzubinden. Häufig entstehen Bürgerräte überhaupt erst aus der Zusammenarbeit mit den Vertreter:innen und Institutionen der repräsentativen Demokratie (Reuchamps 2016). Deren Öffnung gegenüber Deliberation ist nicht unbegründet. Die geringe politische Unterstützung von Parteien und Politiker:innen, die lange Zeit keine größeren Konsequenzen für die Umsetzung von Politik hatte, führt angesichts erfolgreicher populistischer und systemfeindlicher politischer Bewegungen zu einem *Notwendigkeitsdruck* in Richtung von mehr Bürgernähe und mehr Bürgerbeteiligung. Dies verschiebt den Blickwinkel politischer Entscheidungsträger:innen in einer Demokratie immer öfter in Richtung einer deliberativen Demokratie und Deliberation.

> »Das Herzstück deliberativer Politik besteht nämlich aus einem Netzwerk von Diskursen und Verhandlungen, das die rationale Lösung pragmatischer, moralischer und ethischer Fragen ermöglichen soll – eben jene aufgestauten Probleme einer andernorts versagenden funktionalen, moralischen oder ethischen Integration der Gesellschaft« (Habermas 1992: 388–389).

Konkrete Umsetzungen von Bürgerbeteiligung wie Bürgerräte, Bürgerdialoge und Bürgerversammlungen sind nun zwar den Vorstellungen von deliberativer Demokratie entnommen, aber nicht mit ihr gleichzusetzen. Manche Formen der Bürgerbeteiligung wählen Wege aus partizipatorischen Demokratievorstellungen, manche nehmen sich andere Zielsetzungen vor und verzichten letztendlich auf Deliberation. Entscheidend für den Weg und die Form sind Rahmenbedingungen und Erfolgsmöglichkeiten, deliberative Prozesse im politischen Prozess zu implementieren. Um diese Brücke zwischen deliberativer Diskussion und real existierenden Verfahren der Bürgerbeteiligung herzustellen, muss man sich diese Phänomene genauer ansehen.

7.3 Was sind Bürgerräte?

Die Erfolgs- und Rahmenbedingungen für eine Deliberation lassen sich am besten an der derzeit am weitesten verbreiteten und in ihrer Bedeutung zunehmenden Umsetzung von Deliberation beobachten – den

Bürgerräten (Görlund et al. 2014). Zunächst ist der Bürgerrat von einer *Bürgerversammlung* zu unterscheiden: Bürgerversammlungen sind Zusammenkünfte von Bürger:innen meist auf kommunaler Ebene. Sie können von den Bürger:innen selbst initiiert werden, z. B. zur Gründung einer Bürgerinitiative, oder sie werden von den politischen Exekutivinstitutionen einberufen. Dazu gibt es in den Bundesländern unterschiedliche Verfahren. In Bayern etwa regelt Art. 18 der Bayerischen Gemeindeordnung, dass der:die erste Bürgermeister:in mindestens einmal jährlich eine Bürgerversammlung zur Erörterung gemeindlicher Angelegenheiten einzuberufen hat (Abs. 1). Die Empfehlungen der Bürgerversammlungen müssen dann binnen drei Monaten vom Gemeinderat behandelt werden (Abs. 4). Zu den deliberativen Prozessen wäre eine solche Bürgerversammlung erst zu rechnen, wenn sie in diskursiven Auseinandersetzungen qualitativ hochwertige *Outputs* produziert und bei den Beteiligten ein *Outcome* hervorbringt, das Erkenntnis und Aufklärung über den politischen Prozess und politischen Inhalt enthält. Kommunale Bürgerversammlungen erfüllen diese Voraussetzungen selten. Sie verstoßen zudem gegen die genannten Kriterien Machtfreiheit, Offenheit und Inklusion.

Ein »Rat« aus (gelosten) Bürger:innen wird zum ersten Mal von Aristoteles als »Rat der 500« und eine der vier Säulen der athenischen Demokratie beschrieben. Er war repräsentativ für politische Einheiten zusammengesetzt, beriet Anträge aus einer Volksversammlung und wirkte an der Regierung mit. Das Beteiligungsverfahren der (gelosten) Bürgerräte ist eines der ältesten demokratischen Verfahren und wird derzeit von vielen Ländern auf unterschiedlichen politischen Ebenen zur Lösung mitunter ausgesprochen komplexer gesellschaftlicher Fragen angewandt. Das *Center for Wise Democracy* in Seattle entwickelte die moderne Form des Bürgerrats als Verfahren zur Bürgerbeteiligung (Nanz/Fritsche 2012: 50) und griff dabei auf umfangreiche wissenschaftliche Vorschläge zur Organisation von Deliberation zurück (u. a. Fishkin 2011). Bürger:innen kommen zusammen, um Problemlösungen für ein bestimmtes Thema oder ein Politikfeld zu finden, das von ihnen selbst erarbeitet wird (Sommer 2015: 489). Die Teilnehmer:innen werden zufällig ausgewählt (echte Zufallsauswahl, Losverfahren, man bemüht sich um statistische Repräsentativität) und diskutieren unter Mitwirkung von Expert:innen und v. a. geschulten neutralen Moderator:innen Fakten, mögliche Probleme, Lösungen und Kritik an den Lösungsoptionen. Am Ende soll ein gemeinschaftlicher Lösungsvorschlag gefunden werden. Ursprünglich waren Bürgerräte für eine kleine Anzahl an Personen gedacht und sollten zwei Tage dauern: Am ersten Tag wird das Thema erarbeitet, am zweiten Tag werden die Lösungsideen ausgetauscht und der Öffentlichkeit ein Ergebnis präsentiert. Üblicherweise löst sich der Bürgerrat anschließend auf. Inzwischen tagen Bürgerräte auch mit 160 Teilnehmern (*Bürgerrat Demokratie*) oder über einen längeren Zeitraum (*Citizens' Assembly* in Irland) in professioneller Organisation zu zuvor festgelegten, höchst anspruchsvollen und weitreichenden gesellschaftlichen Themen wie Verbesserung der Demokratie oder Abtreibungsrecht (Suiter 2018). Ihre Lösungsempfehlungen können Grundlage für Gesetzgebung oder Volksentscheide sein (Bürgerrat 2020 sowie www.buergergesellschaft.de).

Man kann zwischen Bürgerräten unterscheiden, die sich selbst organisieren oder von NGOs organisiert werden und mit dem erzielten Ergebnis an die Exekutive oder Legislative der jeweiligen politischen Ebene herantreten, die für ihr Anliegen zuständig ist (*bottom up*), und Bürgerräten, die von Regierungen oder Parlamenten eingesetzt werden, um in einer Sachfrage eine Entscheidung herbeizuführen. Der Entscheidungsvorschlag wird im letzten Fall dem Parlament oder den Bürger:innen der betroffenen politischen Einheit zur Abstimmung vorgelegt (*top down*). Habermas (1992: 382) nennt entsprechende Organisationsformen allgemein »verfasste und informelle Meinungs- und Willensbildung«.[24] Während die *top down* organisierten Bürgerräte einer hohen Selbstverpflichtung der politisch Verantwortlichen unterliegen und ihr

24 Schaal und Ritzi unterscheiden zusätzlich einen deliberativen Prozess in den Massenmedien. Dieser wird hier nicht berücksichtigt, da (1) »[d]ie Orientierung auf Gewinn – das heißt auf Verkaufszahlen – sowie auf die damit einhergehenden Kriterien [...] keine Berichterstattung [zulässt], die den anspruchsvollen Kriterien einer deliberativen Öffentlichkeit, so wie sie Habermas (1992) oder Peter (1994) spezifiziert haben, gerecht wird« (Schaal/Ritzi 2009: 17; vgl. 12). (2) Zudem bedienen sich zivilgesellschaftliche wie institutionalisierte Akteure der Deliberation der Medien, um für ihre Interessen zu werben, und brechen so mitunter selbst die Regeln eines deliberativen Diskurses.

Erfolg als hoch einzuschätzen ist, müssen *bottom up* organisierte Bürgerräte diesen Verpflichtungsgrad bei den Regierenden erst herstellen – sonst läuft der deliberative Prozess ins Leere und fördert Politikverdrossenheit, anstatt sie zu beseitigen. Derzeit werden viele Bürgerräte zur Klimapolitik, zur Stadtentwicklung, zur Demokratieentwicklung, zu Sterbehilfe, gegen Hass oder zu den Folgen der Corona-Krise einberufen. Die meisten der auf den Internetseiten des *Bürgerrates Demokratie* aufgeführten Bürgerräte sind *top down* organisiert, viele sind oder werden als feste Bestandteile der regionalen oder lokalen politischen Parlamente installiert.[25]

Tab. 7.1: Bürgerbeteiligung auf unterschiedlichen politischen Ebenen – Beispiele

Ansatz	lokal	regional	national
top down	• Beteiligungsportal Sachsen • buergerbeteiligung.sachsen.de • Observatorio 49 Madrid • Borgerpanel Trondheim • Bürgerräte in Tempelhof-Schöneberg	• Bürgerrat der deutschsprachigen Gemeinschaft in Belgien • Bürgerrat Sachsen • Ständiger Bürgerrat Vorarlberg • Citizens' Assembly of Scotland	• Citizens' Assembly in Irland • Convention Citoyenne pour le Climat Frankreich • Climate Assembly UK
bottom up	• Climate Assembly Washington • Demokratiekonvent 2020 Frankfurt/Main	• Citizens' Initiative Review Oregon	• Bürgerrat Demokratie in Deutschland

Quelle: eigene Zusammenstellung; Links zu den Bürgerräten und weitere Beispiele unter www.buergerrat.de/aktuelles/buergerraete-weltweit [Zugriff: 06.05.2022].

25 https://www.buergerrat.de/aktuelles/buergerraete-weltweit [Zugriff: 06.05.2022].

Zwei Bürgerräte, die sich auf nationaler Ebene mit zentralen politischen Fragen beschäftigt haben, sollen hier zum Vergleich zwischen *Top-down-* und *Bottom-up*-Prozessen kurz vorgestellt werden: die *Citizens' Assembly* in Irland und der *Bürgerrat Demokratie* in Deutschland. Die *Citizens' Assembly* wurde am 15. Juli 2016 durch Beschluss beider Häuser des irischen Parlaments ins Leben gerufen (auch Geissel/Jung 2020: 22–25). Sie wurde aufgefordert, nach eingehender Diskussion Empfehlungen an die beiden Parlamentskammern abzugeben, die die Achte Änderung der Irischen Verfassung (Abtreibungsrecht), die Herausforderungen und Chancen einer alternden Bevölkerung, die Frage zeitlich fixer Legislaturperioden, die Verfahren für Referenden und die Rolle Irlands im Umgang mit dem Klimawandel betrafen.[26]

Die Zusammenstellung, Arbeitsweise und Ergebnisumsetzung der *Citizens' Assembly* als klassisches *Top-down*-Instrument der Deliberation und Vorbild für viele Bürgerräte in europäischen Ländern wird im Folgenden anhand des Vorschlages zur Verfassungsänderung erläutert. Die *Citizens' Assembly* tagte zu dieser Frage zwischen Oktober 2016 und April 2018. Sie setzte sich aus 99 auf Basis des Bevölkerungszensus per Zufallsstichprobe ausgewählten Personen zusammen, die einer repräsentativen Stichprobe der irischen Bevölkerung entsprachen. Auswahlkriterien waren u. a. Alter, Geschlecht, soziale Klasse und regionale Verteilung. Alle Mitglieder mussten im Wahlregister für Referenden eingetragen sein. Die Vorsitzende, die frühere Richterin des Supreme Court Mary Laffoy, wurde von der Regierung ernannt. Die Sitzungen fanden an Wochenenden statt; die Teilnehmer:innen wurden von Expert:innen und NGOs über den Sachstand beraten, wobei Rückfragen und Debatten eingeplant wurden. Im Fall der Achten Verfassungsänderung (Abtreibungsgesetzgebung) wurden die Bereiche Politik- und Gesellschaftswissenschaften, Verfassungsrecht, Medizinrecht und Ethik sowie Medizin und Geburtshilfe einbezogen. Zusätzliche Eingaben der Bevölkerung wurden berücksichtigt.

Die Diskussionsgruppen der Teilnehmer:innen wurden durch eine:n Moderator:in geleitet, welche:r für ausgeglichene Redezeiten zu sorgen hatte. Ähnlich wie im »herrschaftsfreien Diskurs« wurde niemandem

---

26 https://2016-2018.citizensassembly.ie/en/Home [Zugriff: 06.05.2022].

die Gelegenheit gegeben, eine Diskussionsgruppe zu dominieren. Durch dieses Prozedere wurde eine informierte Diskussion aller Argumente und Meinungen gewährleistet. Ziel war es, Berichte und Empfehlungen zu erarbeiten, die in der Folge seitens der Politiker:innen zwar nicht eins-zu-eins übernommen, aber beantwortet werden mussten. Die Regierung antwortete auf jede Empfehlung. Die Empfehlung zur Achten Verfassungsänderung – gleiches Recht auf Leben der schwangeren Frau und des ungeborenen Kindes, keine Einschränkungen bei Abtreibungen in der Frühschwangerschaft – wurde übernommen und ein Zeitplan für ein entsprechendes Referendum erarbeitet. Die Regierung legte einen Gesetzesvorschlag zum Schwangerschaftsabbruch vor, der auf den Ergebnissen der *Citizens' Assembly* beruhte. Am Referendum nahmen 64,1 % der irischen Wahlbevölkerung teil, 66,4 % von ihnen stimmten dem Vorschlag zu. Alle Schritte der *Citizens' Assembly* sind auf der oben angegebenen Webseite dokumentiert.

Der *Bürgerrat Demokratie* fand von Juni bis November 2019 in Deutschland als *Bottom-up*-Projekt der NGOs Mehr Demokratie e. V., der Schöpflin Stiftung und der Stiftung Mercator als Förderin statt. Sie ließen sich von der irischen *Citizens' Assembly* inspirieren und organisierten in vier Phasen eine Versammlung aus Zufallsbürger:innen, die sich parallel zu einer »Expertenkommission zum Thema Bürgerbeteiligung und Zivilgesellschaft«[27] ergebnisoffen mit der Weiterentwicklung der Demokratie in Deutschland befassen sollte. Die Arbeit des Bürgerrates ist inzwischen abgeschlossen und die Ergebnisse wurden dem Präsidenten des Deutschen Bundestages übergeben; die Expertenkommission des Bundestages wurde noch immer nicht eingesetzt. Die Teilnehmer:innen der Bürgerversammlungen wurden einem gestuften Losverfahren ermittelt. Auch hier sollte die Stichprobe repräsentativ für die Gesamtbevölkerung sein. Als Kontrollparameter dienten soziodemografische Merkmale (Alter, Geschlecht, Bildungsstand, Bundesland, Gemeindegröße und Migrationshintergrund).[28] Politiker:innen wurden als Adressat:innen und Gesprächspartner:innen sowie Expert:innen z. B. aus der Poli-

27 www.bundestag.de/presse/hib/627164-627164 [Zugriff: 06.05.2022].

28 www.buergerrat.de/losverfahren/so-funktioniert-das-losverfahren [Zugriff: 06.05.2022].

tikwissenschaft eingebunden und die zuständigen Bundesministerien informiert.[29] Insbesondere der Bundestagspräsident hat den Prozess unterstützt und in den repräsentativen Politikprozess eingespeist. Ein wissenschaftlicher und ein zivilgesellschaftlicher Beirat begleiteten das Projekt.

In Phase 1 fanden in Erfurt, Schwerin, Koblenz, Gütersloh, Mannheim und München sechs *Regionalkonferenzen* mit jeweils 50 Bürger:innen und 15 Vertreter:innen aus der Politik zur Vorbereitung des Bürgerrats auf Bundesebene statt. Die Ergebnisse der Themenfindung wurden einerseits an die Expert:innen als Schwerpunkte für ihre Beiträge weitergegeben, andererseits als Briefing für die Moderator:innen der Bürgerdiskussionen verwendet. In Phase 2 wurde ein Bürgerrat aus 160 nach dem Zufallsprinzip (Ziehung aus dem Einwohnermelderegister) ausgewählten Bürger:innen gebildet. Dieses Verfahren wurde eingesetzt, um den Bürgerrat möglichst inklusiv zu gestalten. Alle Menschen mit deutscher Staatsbürgerschaft, die älter waren als 16 Jahre, konnten teilnehmen. An zwei Wochenenden versammelten sie sich in Leipzig und erarbeiteten unter Beratung von Expert:innen konkrete Vorschläge für Reformen der Demokratie in Deutschland. Phase 3 bildete ein »Tag für die Demokratie« in Berlin, an dem alle Teilnehmer:innen des Bürgerrates das erarbeitete *Bürgergutachten Demokratie* im Rahmen einer Großveranstaltung an den Bundestagspräsidenten übergaben. In Phase 4 ist eine Begleitung der Politik bei der Umsetzung der Empfehlungen und ein fortgesetzter Austausch zwischen Bürger:innen und Abgeordneten geplant. Zahlreiche Gespräche haben bereits stattgefunden.[30] Das Modellprojekt *Bürgerrat Demokratie* wurde anschließend durch die Forschungsstelle Demokratische Innovationen der Universität Frankfurt/Main »anhand der etablierten Bewertungskriterien ›inklusive Beteiligung, deliberative Prozessqualität, Anbindung an das politische System und Stärkung der partizipativen Kultur‹« (Geißel et al. 2019: 2) evaluiert.

Was macht eine gute Bürgerbeteiligung aus? Bereits in der Vergangenheit wurden häufiger unterschiedliche Formate der Bürgerbeteili-

29 Zur Idee und zum Ablauf siehe auch: www.buergerrat.de/fileadmin/Illustrationen_3/Konzept_Buergerrat_V3.pdf [Zugriff: 06.05.2022].

30 demokratie.buergerrat.de/buergerrat/umsetzungsphase [Zugriff: 06.05.2022].

gung durchgeführt, die der Legitimierung und Herstellung von Akzeptanz zuvor durch Repräsentativorgane getroffener politischer Entscheidungen durch die Bürger:innen dienten. Mit effektiver und wirksamer Bürgerbeteiligung haben diese Verfahren nichts zu tun. Sie haben lediglich bestätigenden und, im Konfliktfall, befriedenden Charakter. Jörg Sommer (2015) hat einen Vorschlag unterbreitet, der sich gut zur systematischen Evaluation von Bürgerräten eignet.[31] *Legitimierung* sollte nicht im Nachhinein als Deckmäntelchen »nachholender Legitimation« geschehen, sondern eine Anerkennungswürdigkeit und faktische Anerkennung der politischen Entscheidung durch Deliberation bedeuten. Sie trifft den Bedeutungsgehalt von Legitimität aus der politischen Kulturforschung und zeugt von grundlegender politischer Unterstützung des Verfahrens (um seiner selbst willen). *Akzeptanz* des Verfahrens und der getroffenen Entscheidung werden durch maximale Beteiligung und maximale Zustimmung nach einem offenen, transparenten und fairen Diskurs hergestellt. Sie kann auch durch eine echte Zufallsauswahl der Bürgerräte erzeugt werden. Hinzu kommt die *Qualität* der zu entscheidenden Sachfragen und des Entscheidungsprozesses: Die Bürger:innen, die an den Räten teilnehmen, werden befähigt, auch über komplexe Fragen zu diskutieren und einen Willensbildungsprozess mit einer Entscheidung abzuschließen. Dabei muss konsequente *Ergebnisoffenheit* hergestellt werden. Die Entscheidungen dürfen von den Repräsentativorganen nicht zurückgewiesen werden, weil sie ihren Erwartungen nicht entsprechen. Dies ist das wichtigste Kriterium einer guten Deliberation. Die Bürger:innen entscheiden im diskursiven Verfahren selbst über eine Sachfrage. Eine gute Bürgerbeteiligung *emanzipiert* die Bürger:innen, d. h. sie werden vom Entscheidungen empfangenden Objekt der Politik zum entscheidenden, handelnden Subjekt. Die Beteiligten nehmen sich als Gestalter:innen, nicht als Empfänger:innen wahr.

Sind die *Citizens' Assembly* in Irland und der *Bürgerrat Demokratie* in Deutschland gute Verfahren der Bürgerbeteiligung? Nach diesen Krite-

31 Auch Vatter/Alpiger (2017: 410–422) entwickelten einen umfangreichen Katalog von 14 Kriterien zur Bewertung von regionalen Bürgerbeteiligungsverfahren entlang der Dimensionen Prozessmerkmale, Transparenz, Zusammensetzung und Eigenschaften der Beteiligten, Zugang und Inhalt der Informationsressourcen.

rien beurteilt, erfüllen sie alle Voraussetzungen dafür. Beide Verfahren arbeiten auf der Basis von »Zufallsbürger:innen« mit wissenschaftlicher Begleitung und hohem finanziellen Aufwand, um den ausgewählten Personen eine Teilnahme zu ermöglichen. Sie erzielten in einem ergebnisoffenen Diskurs substanzielle und politisch umsetzbare Ergebnisse. Die beteiligten Bürger:innen fühlen sich wertgeschätzt und informiert. Ihnen wurde Gelegenheit gegeben, sich zum Prozess und ihrer eigenen Rolle zu äußern. Wissenschaftler:innen bewerteten die Arbeit der Bürgerräte abschließend. Die Qualität der Prozesse unterscheidet sich im deutschen Fall nach den vorgestellten Kriterien nicht vom irischen Vorgehen. Der entscheidende Unterschied zwischen den Beispielen besteht in der Verbindlichkeit: Während die Empfehlungen des *Citizens' Assemblys* in ein Referendum zur Änderung der irischen Verfassung mündeten, hat es der Deutsche Bundestag bis zum Juli 2022 nicht einmal geschafft, die anvisierte Expertenkommission einzusetzen.[32] Reaktionen auf den Bürgerrat werden derzeit über Einzelgespräche mit Politiker:innen, Medienberichterstattung und eine Initiative von *Extinction Rebellion* in Kooperation mit *abgeordnetenwatch.de* eingeholt. Die zivilgesellschaftliche Initiative hat als *Bottom-up*-Projekt eine sichtbar geringere Durchsetzungsmacht als die *top down* eingesetzte irische Bürgerversammlung. Eine umfassende Würdigung der Ergebnisse des *Bürgerrates Demokratie*, die der Wertschätzung der irischen *Citizens' Assembly* gleichkommt, steht noch aus.

Wie beschreiben die Beteiligten ihre Arbeit in den Bürgerräten? Die Teilnehmer:innen der *Citizens' Assembly* wurden während und nach den Sitzungen befragt:

> »As a group of 100 citizens, it felt there was a good mix of men and women with a broad range of ages and backgrounds. The atmosphere was friendly but serious – we were proud to have been given an important task. We wan-

32 Selbst die im Koalitionsvertrag der Großen Koalition 2017–2021 vorgesehene Expertenkommission Bürgerbeteiligung wurde bis Juli 2022 nicht eingesetzt. Der Koalitionsvertrag der Ampelkoalition (seit 2021) hat die Einrichtung von Bürgerräten zu konkreten Fragestellungen festgehalten. Hierzu liegt eine Sachstandserhebung der wissenschaftlichen Dienste des Deutschen Bundestages vor, die ein mögliches Szenario für die Durchführung eines parlamentarischen Bürgerrates entwickelt (Deutscher Bundestag 2022).

ted to take in all the information, help shape the debate and make solid recommendations that were representative of our views at the end of a period of deep learning about the topics« (Caldwell 2019).

Tab. 7.2: Evaluation der Citizens' Assembly und des Bürgerrats Demokratie

Bewertungskriterium	Citizens' Assembly (IR) top down	Bürgerrat Demokratie (D) bottom up
Legitimierung	• Festlegung in der Verfassung • bereits einmal erfolgreich durchgeführt	• zivilgesellschaftliche Initiative • mit Beratergremium
Akzeptanz	• Zufallsstichprobe, repräsentative Auswahl • Moderation: *Offenheit*, Transparenz, *fairer, gleicher, respektvoller und kollegialer* Diskurs	• Zufallsstichprobe, repräsentative Auswahl • Moderation: *Offenheit*, Transparenz, *fairer, gleicher, respektvoller und kollegialer* Diskurs
Qualität	• Bürger:innen wird *effektive* Lösung komplexer Fragen zugetraut • konsequente *Ergebnisoffenheit*	• Bürger:innen wird *effektive* Lösung komplexer Fragen zugetraut • konsequente *Ergebnisoffenheit*
Emanzipation	• Beurteilung des Prozesses durch die Beteiligten und Wissenschaftler:innen • Empfehlung → Referendum	• Beurteilung des Prozesses durch die Beteiligten und Wissenschaftler:innen • Empfehlung → ?

Quelle: eigene Zusammenstellung.

Teilnehmer:innen des *Bürgerrates Demokratie* berichten ein gesteigertes politisches Interesse: »Ich fühle mich politisiert. Bin interessierter als vorher. Fühle mich mehr als fähiger Teil der Gesellschaft und sehe besser als vorher eine Verantwortung mitzugestalten« (zitiert in Geißel et al. 2019: 30), teilweise stieg das Vertrauen in die Politik und die Bereitschaft, sich künftig politisch (außerhalb von Parteien) zu beteiligen.

Um solche positiven Ergebnisse zu erreichen, ist es mitunter nötig, dass die Teilnehmer:innen vorgefasste Überzeugungen überwinden. Unter welchen Umständen kam es während der *Citizens' Assembly* zu Meinungsänderungen? Der:die typische diskussionsfreudige und meinungsoffene Bürgerrät:in ist unter 65 Jahre alt und mit mittlerem Wissen ausgestattet. Heterogene Gruppen sind wichtig, wenn ein effektiver deliberativer Austausch stattfinden soll. Die Teilnehmer:innen müssen Meinungen ausgesetzt sein, die ihrer eigenen widersprechen. Ein gewisses Grundlevel an Uneinigkeit ist Voraussetzung für einen guten deliberativen Prozess (Suiter 2016, 2018).

Fazit zur *Citizens' Assembly*: Es gab keine systematischen Ausfälle bei den Zufallsbürger:innen (nach Geschlecht, Alter oder Einkommen). Die Bürger:innen wollten beteiligt werden und schätzten diese Art der Beteiligung. Das Erarbeitete muss Eingang in die politische Willensbildung zur behandelten Sachfrage finden, dies dokumentiert den Respekt der Volksvertreter:innen vor der Beteiligung der Bürger:innen. Die *Citizens' Assembly* ist, wie auch der Bürgerrat in Belgien und weitere Bürgerräte, nicht als Ersatz der repräsentativen Demokratie zu verstehen, sondern als eine die Bürger:innen als Souverän in der Demokratie wertschätzende Ergänzung.

Fazit zum *Bürgerrat Demokratie*: Die Zufallsauswahl generierte ein weitgehend repräsentatives Teilnehmerfeld, jedoch waren, wie meist in Bürgerbeteiligungen, hoch gebildete Teilnehmer:innen leicht überrepräsentiert. Die Diskursqualität war hoch, aber der Zeitrahmen zu eng und die Übertragung der Vorschläge aus den Regionalkonferenzen in den Bürgerrat nicht durchgehend transparent. Die Öffentlichkeitsarbeit und Einbindung von Politiker:innen waren gut organisiert und erfolgreich. Bei den Teilnehmer:innen setzte ein hoher Lerneffekt hinsichtlich der politischen Beteiligungsfähigkeiten ein, die Öffentlichkeit konnte am Prozess jedoch nicht mitwirken. Es fehlten Beteiligungsplattformen. Eine Institutionalisierung von Bürgerräten durch die Politik wird dringend angeraten. Inzwischen werden auch in Deutschland regelmäßig auf allen politischen Ebenen Bürgerräte eingesetzt, u. a. der Bürgerrat *Deutschlands Rolle in der Welt*, der 2021 vom Ältestenrat des Deutschen Bundestages eingesetzt wurde. Ziel ist die Erhöhung der Verbindlichkeit und Legitimität (Geißel et al. 2019), wobei letzteres nicht von der

Institutionalisierung abhängt, sondern von der Anerkennung durch die Bürger:innen und Politiker:innen.

7.4 Fazit – Beteiligung der Bürger:innen als Zukunftsmodell

Teilweise in Reaktion auf eine steigende Parteien-, Politiker:innen- und Institutionenverdrossenheit sowie angesichts des Menetekels einer Postdemokratie verstärkte sich in den letzten Jahrzehnten der Wunsch nach einer stärkeren Deliberation politischer Entscheidungen. Ein zentrales Instrument stellen die Bürgerräte dar. Zahlreiche erfolgreiche Bürgerräte haben die Vorstellung von einem schwer durchführbaren, auf kleinteilige räumliche Einheiten begrenzten Verfahren revidiert. Bürgerräte sind bei gründlicher, wertneutraler Information durch Expert:innen und wertneutraler Moderation in der Lage, auch für komplexe Sachfragen gemeinwohlorientierte Lösungen zu finden. Nach dem Losverfahren schließt sich häufig eine Phase der Teilnehmergewinnung an, in der auch solche Personen gewonnen werden können, die bei anderen Partizipationsformen aufgrund von sozialer Ungleichheit einem hohen Maß an Ausschlussgefährdung unterliegen. Die Teilnehmer:innen fühlen sich meist wertgeschätzt und befähigt, an komplexen Diskursen wirksam teilzunehmen. Damit dieses Ergebnis qualitativ hochwertiger *Inputs*, *Outputs* und *Outcomes* erzielt werden kann, ist eine Anerkennung seitens der gewählten Repräsentant:innen und eine starke Berücksichtigung im politischen Willensbildungsprozess vonnöten.

Die Berichte und Lösungsvorschläge der Bürgerräte legen dar, was den teilnehmenden Bürger:innen wichtig ist und wie Probleme aus ihrer Sicht gelöst werden könnten. Sie sollten Eingang in die parlamentarische Diskussion und Abstimmung finden bzw. Volksabstimmungen zur Folge haben. Andersfalls fördern sie Verdrossenheit anstatt sie zu bekämpfen. Der Einsatz, der nötig ist, hochwertige Ergebnisse zu erzielen, ist beachtlich: Die Teilnehmer:innen werden nicht nur mittels Zufallsstichprobe ausgewählt, sie müssen zur Teilnahme ermutig und befähigt werden. Sie benötigen hinreichend Zeit, Zugang zu wichtigen Informationen und Entscheidungsfreiheit. Dies ist auf nationaler und regionaler Ebene mit hohem finanziellem Aufwand für die Organisatoren – seien es Institutionen oder NGOs – verbunden. Dieser Aufwand »lohnt« sich, wenn der politische Wille der gewählten Repräsentant:innen vorhanden ist, sich auf eine Kooperation mit den Bürgerräten einzulassen, wie dies beispielsweise in Irland oder Belgien der Fall ist. Das große Plus von Entscheidungen unter sichtbarer und nachvollziehbarer Bürgerbeteiligung ist ihre aus der Deliberation und Partizipation resultierende hohe Legitimität in der Bevölkerung. Es sind hier eben nicht Politiker:innen, denen zumeist Eigennutz oder machtpolitische Interessen unterstellt werden, sondern Mitbürger:innen, die Politik gestalten.

Weiterführende Literatur

Dryzek, John (1990): *Discursive Democracy. Politics, Policy, and Political Science.* Cambridge: Cambridge University Press.

Geissel, Brigitte/Jung, Stefan (2020): *Mehr Mitsprache wagen. Ein Beteiligungsrat für die Bundesrepublik.* Berlin: Friedrich-Ebert-Stiftung.

Guttman, Amy/Thompson, Dennis F. (1996): *Democracy and Disagreement.* Cambridge: Cambridge University Press.

Habermas, Jürgen (1981): *Theorie des kommunikativen Handelns* (Bd. 1: Handlungsrationalität und gesellschaftliche Rationalisierung; Bd. 2: Zur Kritik der funktionalistischen Vernunft), Frankfurt/Main: Suhrkamp.

Buchstein, Hubertus/Jörke, Dirk (2007): Deliberative Demokratie. In: Fuchs, Dieter/Roller, Edeltraud (Hrsg.): *Lexikon Politik. Hundert Grundbegriffe.* Stuttgart: Reclam: 35–38.

Landwehr, Claudia (2012): Demokratische Legitimation durch rationale Kommunikation. Theorien deliberativer Demokratie. In: Lembcke, Oliver W./Ritzi, Claudia/Schaal, Gary S. (Hrsg.): *Zeitgenössische Demokratietheorie. Bd. 1: Normative Demokratietheorien.* Wiesbaden: VS Verlag: 355–385.

Sommer, Jörg (Hrsg.) (2015): *Kursbuch Bürgerbeteiligung.* Berlin: Verlag der Deutschen Umweltstiftung.

Strecker, David/Schaal, Gary S. (2009): Die politische Theorie der Deliberation: Jürgen Habermas. In: Brodocz, André/Schaal, Gary S. (Hrsg.): *Politische Theorien der Gegenwart II.* Opladen: Barbara Budrich: 99–148.

Suiter, Jane (2018): Deliberation in Action – Ireland's Abortion Referendum. In: *Political Insight* 9/2018: 30–32.

8 Fazit: Bürger:innen, die wichtigste Ressource der Demokratie

Die verschiedenen Kapitel des Buches haben eines aufgezeigt: Die Demokratie braucht ihre Bürger:innen. So wollen selbst überzeugte Autokrat:innen in den Augen der Bürger:innen und anderer Beobachter:innen gerne Demokrat:innen sein. Auch wenn eine einfache Selbstbeschreibung oder gut kontrollierte Wahlen nicht ausreichen, um sich die Bezeichnung »Demokrat:in« anheften zu können, und maximal eine Fassadendemokratie oder elektorale Autokratie herauskommt – der Wunsch nach Legitimität aus der Bürgerschaft ist nicht nur in Demokratien groß. Während in Autokratien eine oft völkisch-nationalistische Legitimität kostensparend gegenüber teuren Sanktionsmaßnahmen ist, kann keine Demokratie überleben, wenn sie nicht vom überwiegenden Teil ihrer Bürger:innen anerkannt und unterstützt wird. Auch die politischen Institutionen benötigen ein Grundvertrauen. Dabei ist es wichtig, dass die Bürger:innen unter einer Demokratie wirklich eine Demokratie und nicht etwas anderes verstehen. Ist der Glauben an die Legitimität einer Autokratie hoch, dann wird es wahrscheinlich nie eine Demokratie geben (G. Pickel 2010: 190–200; G. Pickel 2013). Die seitens der politischen Kulturforschung bevorzugte *Civic Culture* benötigt außerdem ein gewisses Grundvertrauen in andere Menschen und die politischen Institutionen oder einen gesellschaftlichen Zusammenhalt, der für eine plurale Gesellschaft angemessen ist. Dies setzt allerdings auch voraus, dass nicht bestimmte soziale Gruppen oder Minderheiten rassistische Diskriminierung erfahren oder ihnen gegenüber vorliegende Vorurteile und Ablehnung zum Motor des Erfolges antidemokratischer, rechtspopulistischer Bewegungen werden.

Dabei stehen Demokratien immer unter Druck. Fordern Rechtspopulist:innen Beteiligungsrechte, um ihre völkischen Vorstellungen eines am besten ethnisch homogenen Staates zu erreichen, sehen Anhänger:innen der These der Postdemokratie eine unheilvolle Bewegung, Bürger:innen aus den Zirkeln der Macht auszuschließen. Auch wenn manchmal Teilargumente populistischer Anwürfe an die existierenden Demokratien nicht grundsätzlich falsch sind, sind es oft die angebotenen Alternativen, welche einem zu denken geben müssen. Eine demokratische politische Kultur sowie Beteiligung und Teilhabe der Bürger:innen an der Demokratie sind die entscheidenden Konterfaktoren einer Gefährdung demokratischer Werte und der Demokratie an sich. So benötigt die Demokratie neben der politischen Unterstützung ihrer Bürger:innen deren Partizipation, auch wenn dies politischen Eliten nicht immer zu passen scheint. Neben die klassischen Formen der politischen Partizipation sind Online-Kommunikationsformen mit all ihren Herausforderungen, unkonventionelle Partizipation und vermehrt deliberative Beteiligungsverfahren getreten – all dies wird auch seitens der Bürger:innen gewünscht. Nur auf diese Weise, z. B. über Bürgerräte und Deliberation, ist es zu verhindern, dass Demokratien mit der Zeit Defekte erleiden oder zu hybriden Regimen bis hin zu Autokratien mutieren. Denn eines ist sicher: Die Demokratie ist kein Selbstläufer, sondern etwas, wofür man immer wieder kämpfen muss und was stetiger Bemühungen bedarf. Und eines ist sie sicher auch nicht: ein Elitenprojekt. Die Demokratie ist eine Regierungsform, die von Bürger:innen, für Bürger:innen, durch Bürger:innen erfolgt. Und dies ist an sich bereits Grund genug für den großen Erfolg von Demokratien in der Moderne.

9 Literaturverzeichnis

Achen, Christopher/Bartels, Larry (2016): *Democracy for Realists. Why Elections do not Produce Responsive Government*. Princeton: Princeton University Press.

Ackermann, Kathrin/Freitag, Markus (2016): Social Capital in der Vergleichenden Politikwissenschaft. In: Lauth, Hans-Joachim/Kneuer, Marianne/Pickel, Gert (Hrsg.): *Handbuch Vergleichende Politikwissenschaft*. Wiesbaden: Springer VS: 271–284.

Almond, Gabriel/Verba, Sidney (1963): *The Civic Culture. Political Attitudes and Democracy in Five Nations*. Princeton: Princeton University Press.

Almond, Gabriel/Verba, Sidney (1980): *The Civic Culture Revisited. An Analytic Study*. Princeton: Princeton University Press.

Alonso, Sonia/Keane, John/Merkel, Wolfgang (Hrsg.) (2011): *The Future of Representative Democracy*. Cambridge: Cambridge University Press.

Alvarez, Alejandro Moreno/Welzel, Christian (2011): *How Values Shape People's Views of Democracy: A Global Comparison*. www.democracy.uci.edu/files/docs/conferences/2011/Moreno%20Welzel_Chapter.pdf [Zugriff: 06.05.2022].

Arzheimer, Kai (2002): *Politikverdrossenheit. Bedeutung, Verwendung und empirische Relevanz eines politikwissenschaftlichen Begriffes*. Wiesbaden: Westdeutscher Verlag.

Aristoteles (2020): *Politik* (Philosophische Bibliothek). Hamburg: Meiner.

Backes, Uwe (2010): Extremismus, Konzeptionen, Definitionsprobleme und Kritik. In: Backes, Uwe/Jesse, Eckhard/Gallus, Alexander (Hrsg.): *Jahrbuch Extremismus & Demokratie* 22: 13–31.

Backes, Uwe/Moreau, Patrick (2021): *Europas moderner Rechtsextremismus. Ideologien, Akteure, Erfolgsbedingungen und Gefährdungspotentiale*. Göttingen: Vandenhoeck & Ruprecht.

Balibar, Etienne/Wallerstein, Immanuel (1990): *Rasse, Klasse, Nation. Ambivalente Identitäten*. Hamburg: Argument.

Barber, Benjamin R. (1984): *Strong Democracy. Participatory Politics for a New Age*. Berkeley: University of California Press.

Barnes, Samuel H./Kaase, Max (1979): *Political Action. Mass Participation in Five Western Democracies*. Beverly Hills: Sage.

Beck, Ulrich (1984): *Risikogesellschaft. Auf dem Weg in eine andere Moderne*. Frankfurt/Main: Suhrkamp.

Benedict, Ruth (2019) [Orig. 1940]: *Race. Science and Politics*. Athens: University of Georgia Press.

Benz, Wolfgang (2005): *Was ist Antisemitismus?* München: Beck.

Bessette, Joseph (1980): Deliberative Democracy: The Majority Principle in Republican Government: In: Goldwin, Walter/Schambra Walt (Hrsg.): *How Democratic Is the Constitution?* Washington: American Enterprise Institute for Public Policy Research: 102–116.

Beyme, Klaus von (2017): *Rechtspopulismus. Ein Element der Neodemokratie?* Wiesbaden: Springer VS.

Blind, Jochen (2012): Das Konzept der »Second-order Elections«. In: ders. (Hrsg.): *Das Heimspiel der »Europa-Parteien«?* Wiesbaden: VS Verlag. https://doi.org/10.1007/978-3-531-19355-7_2

Blühdorn, Ingolfur (2013): *Simulative Demokratie. Neue Politik nach der postdemokratischen Wende*. Frankfurt/Main: Suhrkamp.

Bourdieu, Pierre (1982): *Die feinen Unterschiede. Kritik der gesellschaftlichen Urteilskraft*. Frankfurt/Main: Suhrkamp.

Braun, Daniela/Schmitt, Hermann (2009): Politische Legitimität. In: Kaina, Viktoria/Roemmele, Andrea (Hrsg.): *Politische Soziologie. Ein Studienbuch*. Wiesbaden: VS Verlag: 53–81.

Bremmer, Ian (2018): *Us vs. Them. The Failure of Globalism*. New York: Penguin.

Brodocz, Andre/Schaal, Gary (Hrsg.) (2015): *Politische Theorien der Gegenwart I*. Opladen: Barbara Budrich (4. Aufl.).

Buchstein, Hubertus/Jörke, Dirk (2007): Deliberative Demokratie. In: Fuchs, Dieter/Roller, Edeltraud (Hrsg.): *Lexikon Politik. Hundert Grundbegriffe*. Stuttgart: Reclam: 35–38.

Bürgerrat (2020): *Warum und wie Bürgerräte mit Losverfahren funktionieren*. www.buergerrat.de/fileadmin/downloads/broschuere_buergerrat.pdf [Zugriff: 06.05.2022].

Butter, Michael (2018): »Nichts ist, wie es scheint«. Über Verschwörungstheorien. Frankfurt/Main: Suhrkamp.

Caldwell, Louise (2019): I Took Part in a Citizens' Assembly – It Could Help Break the Brexit Deadlock. In: *The Guardian*, 16.01.2019, www.theguardian.com/commentisfree/2019/jan/16/citizens-assembly-ireland-abortion-referendum [Zugriff: 07.05.2022].

Canache, Damary (2012): Citizens' Conceptualizations of Democracy. Structural Complexity, Substantive Content, and Political Significance. In: *Comparative Political Studies* 45 (9): 1132–1158.

Cho, Youngho (2015): How well are Global Citizenries Informed about Democracy? Ascertaining the Breadth and Distribution of Their Democratic Enlightenment and Its Sources. In: *Political Studies* 63: 240–258.

Collier, David/Levitsky, Steven (1997): Democracy with Adjectives. In: *World Politics* 49: 430–452.

Crouch, Colin (2008): *Postdemokratie*. Frankfurt/Main: Suhrkamp.

Crow, David (2010): The Party's Over. Citizens' Conceptions of Democracy and Political Dissatisfaction in Mexico. In: *Comparative Politics* 43 (1): 41–62.

Dalton, Russel J./Sin, To-Chi/Jou, Willy (2007): Understanding Democracy: Data from Unlikely Places. In: *Journal of Democracy* 18 (4): 142–156.

Dalton, Russel J./Welzel, Christian (Hrsg.) (2014): *The Civic Culture Transformed. From Allegiant to Assertive Citizens*. Cambridge: Cambridge University Press.

Decker, Oliver (2018): Flucht ins Autoritäre. In: Decker, Oliver/Brähler, Elmar (2018): *Flucht ins Autoritäre. Rechtsextreme Dynamiken in der Mitte der Gesellschaft. Leipziger Autoritarismus Studie 2018*. Gießen: Psychosozial Verlag: 15–64.

Decker, Oliver/Brähler, Elmar (2018): *Flucht ins Autoritäre. Rechtsextreme Dynamiken in der Mitte der Gesellschaft. Leipziger Autoritarismus Studie 2018*. Gießen: Psychosozial Verlag.

Decker, Oliver/Brähler, Elmar (2020): *Autoritäre Dynamiken. Alte Ressentiments – neue Radikalität. Leipziger Autoritarismus Studie 2020*. Gießen: Psychosozial Verlag.

Delago, Richard/Stefancic, Jean (2017): Critical Race Theory. An Introduction. New York: University Press (3. Aufl.)

Deitelhoff, Nicole/Groh-Samberg, Olaf/Middell, Matthias (Hrsg.) (2020): *Gesellschaftlicher Zusammenhalt. Ein interdisziplinärer Dialo*g. Frankfurt/Main: Campus.

Deutscher Bundestag (2022): Sachstand: Bürgerräte und Gesetzgebungsverfahren. WD 3-3000-022/22. www.bundestag.de/resource/blob/894386/9a7bd24fbc77fb379b22dc6e45982905/WD-3-022-22-pdf-data.pdf [Zugriff: 01.07.2022].

Diamond, Larry (1999): *Developing Democracy Toward Consolidation*. Baltimore: Johns Hopkins University Press.

Douglas, Karen/Uscinski, Joseph/Sutton, Robbie/Chichocka, Aleksandra/Nefes, Turka/An, Chi Siang/Deravi, Farun (2019). Understanding Conspiracy Theories. In: *Advances in Political Psychology* 40 (1): 1–35.

Dryzek, John (1990): *Discursive Democracy. Politics, Policy, and Political Science*. Cambridge: Cambridge University Press.

Easton, David (1975): A Re-Assessment of the Concept of Political Support. In: *British Journal of Political Science* 5: 435–457.

Easton, David (1979): *A System Analysis of Political Life*. New York: John Wiley & Sons (2. Aufl.).

Eatwell, Roger/Goodwin, Matthew (2018): *National Populism. The Revolt Against Liberal Democracy*. Milton Keynes: Pelican Books.

Elsässer, Lea (2018): *Wessen Stimme zählt? Soziale und politische Ungleichheit in Deutschland* (Schriften aus dem MPI für Gesellschaftsforschung, Bd. 91). Frankfurt/Main: Campus.

Elsässer, Lea/Svenja Hense/Armin Schäfer (2017): ›Dem deutschen Volke?‹ Die Responsivität des Bundestags. In: *Zeitschrift für Politikwissenschaft* 27: 161–180.

El-Mafaalani, Aladin (2021): *Wozu Rassismus? Von der Erfindung der Menschenrassen bis zum rassismuskritischen Widerstand*. Köln: Kiepenheuer & Witsch.

Ferrin, Monika/Kriesi, Hanspeter (Hrsg.) (2016): *How Europeans View and Evaluate Democracy*. Oxford: Oxford University Press.

Field, John (2009): *Social Capital*. London: Routledge.

Fishkin, John S. (2011). *When the People Speak: Deliberative Democracy and Public Consultation*. Oxford University Press.

Franzen, Axel/Freitag, Markus (Hrsg.) (2007): *Sozialkapital. Grundlagen und Anwendungen*. Wiesbaden: VS Verlag.

Freitag, Markus (2014): *Das soziale Kapital der Schweiz*. Zürich: Verlag Neue Zürcher Zeitung.

Fromm, Erich (1936): Studien über Autorität und Familie. Sozialpsychologischer Teil. In: Fromm, Erich (Hrsg.): Gesamtausgabe Band 1. Stuttgart: DVA: 139.187.

Fuchs, Dieter (1989): *Die Unterstützung des politischen Systems der Bundesrepublik Deutschland*. Wiesbaden: Westdeutscher Verlag.

Fuchs, Dieter (2002): Das Konzept der politischen Kultur: Die Fortsetzung einer Kontroverse in konstruktiver Absicht. In: Fuchs, Dieter/Roller, Edeltraud/Weßels, Bernhard (Hrsg.): *Bürger und Demokratie in Ost und West: Studien zur politischen Kultur und zum politischen Prozess*. Wiesbaden: Westdeutscher Verlag: 27–49.

Fuchs, Dieter/Roller, Edeltraud (2016): Demokratiekonzeptionen der Bürger und demokratische Gemeinschaftsorientierungen. Westliche, ostasiatische und arabische Länder im Vergleich. In: *Politische Vierteljahresschrift* 51: 296–317.

Fuchs, Dieter/Roller, Edeltraud/Weßels, Bernhard (1997): Die Akzeptanz der Demokratie des vereinten Deutschlands. Oder: Wann ist ein Unterschied ein Unterschied? In: *Aus Politik und Zeitgeschichte* 51: 3–12.

Gabriel, Oscar W. (2019): Politische Partizipation im ausgehenden dritten Jahrzehnt des vereinigten Deutschland. In: Holtmann, Everhard (Hrsg.): *Die Umdeutung der Demokratie. Politische Partizipation in Ost- und Westdeutschland.* Frankfurt/Main: Campus: 143–218.

Geißel, Brigitte et al. (2019): *Abschlussbericht der wissenschaftlichen Evaluation*. https://www.buergerrat.de/fileadmin/downloads/evaluationsbericht.pdf [Zugriff: 06.05.2022].

Gomolla, Mechtild/Radtke, Frank-Olaf (2009): *Institutionelle Diskriminierung. Die Herstellung ethnischer Differenz in der Schule*. Wiesbaden: VS Verlag (3. Aufl.).

Gladkich, Anja/Pickel, Gert (2013): Religious Social Capital. Connections between Religiosity and Civil Society. In: Pickel, Gert/Sammet, Kornelia (Hrsg.): *Transformation of Religiosity*. Wiesbaden: Springer VS: 69–94.

Granovetter, Mark (1973): The Strength of Weak Ties. In: *American Journal of Sociology* 78: 1360–1380.

Grönlund, Kimmo/Bächtiger, André/Setälä, Maija (Hrsg.) (2014): *Deliberative Mini-Publics – Involving Citizens in the Democratic Process*. Colchester: ECPR Press.

Guttman, Amy/Thompson, Dennis F. (1996): *Democracy and Disagreement*. Cambridge: Belknap Press.

Habermas, Jürgen (1981): *Theorie des kommunikativen Handelns* (Bd. 1: Handlungsrationalität und gesellschaftliche Rationalisierung; Bd. 2: Zur Kritik der funktionalistischen Vernunft), Frankfurt/Main: Suhrkamp.

Habermas, Jürgen (1992): *Faktizität und Geltung*. Berlin: Suhrkamp.

Hanifan, Lyda J. (1916): The Rural School Community Center. In: *Annals of the American Academy of Political and Social Science* 67: 130–138.

Heitmeyer, Wilhelm (2010): *Deutsche Zustände. Folge 10*. Frankfurt/Main: Suhrkamp.

Heitmeyer, Wilhelm (2018): *Autoritäre Versuchungen. Signaturen der Bedrohung*. Frankfurt/Main: Suhrkamp.

Helbling, Marc (Hrsg.) (2012): *Islamophobia in the West. Measuring and Explaining Individual Attitudes*. London: Routledge.

Held, David (1987): *Models of Democracy*. Cambridge: Cambridge University Press.

Hirschman, Albert O. (1970): *Exit, Voice, and Loyalty: Responses to Decline in Firms, Organizations, and States*. Cambridge: Harvard University Press.

Höcker, Charlotte/Pickel, Gert/Decker, Oliver (2020): Antifeminismus – das Geschlecht im Autoritarismus? Die Messung von Antifeminismus und Sexismus in Deutschland auf der Einstellungsebene. In: Decker, Oliver/Brähler, Elmar (Hrsg.): *Autoritäre Dynamiken. Alte Ressentiments – neue Radikalität*. Gießen: Psychosozial Verlag: 249–282.

Holtmann, Everhard (Hrsg.) (2019): *Die Umdeutung der Demokratie. Politische Partizipation in Deutschland*. Frankfurt/Main: Campus.

Horkheimer, Max (1936): Autorität und Familie. In: Schmidt Noerr, Gunzelin (Hrsg.): Max Horkheimer. Gesammelte Schriften 3. Frankfurt/Main: Fischer Taschenbuchverlag.

Huntington, Samuel P. (1968): *Political Order in Changing Societies*. New Haven: Yale University Press.

Inglehart, Ronald (1977): *The Silent Revolution. Changing Values and Political Styles among Western Publics*. Princeton: Princeton University Press.

Inglehart, Ronald (1990): *Culture Shift in Advanced Industrial Society*. Princeton: Princeton University Press.

Inglehart, Ronald (2019): *Cultural Evolution. People's Motivations are Changing, and Reshaping the World*. Cambridge/New York: Cambridge University Press.

Inglehart, Ronald/Welzel, Christian (2005): *Modernization, Cultural Change, and Democracy. The Human Development Sequence*. Cambridge: Cambridge University Press.

Jaeck, Tobias (2019): Die langen Wellen im Entwicklungsverlauf von politischer Partizipation in Ostdeutschland von 1990 bis zur Gegenwart. In: Holtmann, Everhard (Hrsg.): *Die Umdeutung der Demokratie. Politische Partizipation in Ost- und Westdeutschland*. Frankfurt/Main: Campus: 35–56.

Jaschke, Hans-Gerd (2006): *Politischer Extremismus*. Wiesbaden: VS Verlag.

Jörke, Dirk (2011): Bürgerbeteiligung in der Postdemokratie. in: *Aus Politik und Zeitgeschichte* 1–2/2011: 13–18.

Jörke, Dirk (2012): Demokratietheorie ohne demos. In: Nordmann, Jürgen/Hirte, Katrin/Ötsch, Walter (Hrsg.): *Demokratie! Welche Demokratie? Postdemokratie kritisch hinterfragt*. Marburg: Metropolis: 139–158.

Jörke, Dirk (2013): Re-Demokratisierung der Postdemokratie durch alternative Beteiligungsverfahren? In: *Politische Vierteljahresschrift* 54 (3): 485–505.

Jörke, Dirk (2019): *Die Größe der Demokratie. Über die räumliche Dimension von Herrschaft und Partizipation*. Berlin: Suhrkamp.

Jörke, Dirk/Veith, Selk (2017): *Theorien des Populismus. Zur Einführung*. Hamburg: Junius.

Jonas, Klaus/Stroebe, Wolfgang/Hewstone, Miles (Hrsg.) (2014): *Sozialpsychologie*. Wiesbaden: Springer. (6. Aufl.).

Kaase, Max (1982): Partizipatorische Revolution – Ende der Parteien? In: Raschke, Joachim (Hrsg.): *Bürger und Parteien* (Schriftenreihe der Bundeszentrale für politische Bildung, 189). Wiesbaden: VS Verlag. https://doi.org/10.1007/978-3-322-83694-6_12

Kaase, Max (1983): Sinn oder Unsinn des Konzepts »Politische Kultur« für die vergleichende Politikforschung, oder auch: Der Versuch einen Pudding an die Wand zu nageln. In: Kaase, Max/Klingemann, Hans-Dieter (Hrsg.): *Wahlen und politisches System – Analysen aus Anlass der Bundestagswahl 1980*. Opladen: Westdeutscher Verlag: 144–171.

Kaase, Max (2007): Perspectives on Political Participation. In: Dalton, Russell/Klingemann, Hans-Dieter (Hrsg.): *The Oxford Handbook of Political Behavior*. Oxford: Oxford University Press: 783–798.

Kailitz, Steffen/Wurster Stefan (2017): Legitimationsstrategien von Autokratien. Eine Einführung. In: *Zeitschrift für Vergleichende Politikwissenschaft* 11: 141–151.

Kemper, Andreas/Weinbach, Heike (2022): *Klassismus. Eine Einführung*. Münster: Unrast Verlag (5. Aufl.)

Kiess, Johannes/Decker, Oliver/Heller, Ayline/Brähler, Elmar (2020): Antisemitismus als antimodernes Ressentiment: Struktur und Verbreitung eines Weltbildes. In: Decker, Oliver/Brähler, Elmar (Hrsg.): *Autoritäre Dynamiken. Alte Ressentiments – neue Radikalität*. Gießen: Psychosozial: 211–248.

Klingemann, Hans-Dieter (1999): Mapping Political Support in the 1990s. A Global Analysis. In: Pippa Norris (Hrsg.): *Critical Citizens: Global Support for Democratic Government*. Oxford/New York: Oxford University Press: 31–56.

Kriesi, Hanspeter (2007): Sozialkapital. Eine Einführung. In: Franzen, Axel/Freitag, Markus (Hrsg.): *Sozialkapital. Grundlagen und Anwendungen*. Wiesbaden: VS Verlag: 23–46.

Laclau, Ernesto (2005): *On Populist Reason*. New York: Verso.

Laclau, Ernesto/Mouffe, Chantal (2014): *Hegemony and Socialist Strategy. Towards a Radical Democratic Politics.* London: Verso (3. Aufl., orig. 1985)

Landwehr, Claudia (2012): Demokratische Legitimation durch rationale Kommunikation. Theorien deliberativer Demokratie. In: Lembcke, Oliver W./Ritzi,

Claudia/Schaal, Gary S. (Hrsg.): *Zeitgenössische Demokratietheorie. Bd. 1: Normative Demokratietheorien*. Wiesbaden: Springer VS: 355–385.

Lauth, Hans-Joachim (2004): *Demokratie und Demokratiemessung. Eine konzeptionelle Grundlage für den interkulturellen Vergleich*. Wiesbaden: Springer VS.

Lauth, Hans-Joachim/Kneuer, Marianne/Pickel, Gert (Hrsg.) (2016): *Handbuch Vergleichende Politikwissenschaft*. Wiesbaden: Springer VS.

Lauth, Hans-Joachim/Pickel, Gert/Pickel, Susanne (2014): *Vergleich und Analyse politischer Systeme*. Paderborn: Schöningh.

Lavorano, Stephanie (2019): *Rassismus*. Stuttgart: Reclam.

Levitsky, Steven/Way, Lucian A. (2002): Elections without Democracy. The Rise of Competitive Authoritarianism. In: *Journal of Democracy* 13 (2): 51–65.

Levitsky, Steven/Ziblatt, Daniel (2018): *How Democracies Die*. New York: Crown Publishers.

Lewandowsky, Marcel (2022): *Populismus. Eine Einführung*. Wiesbaden: Springer VS.

Lewandowsky, Marcel/Giebler, Heiko/Wagner, Aiko (2016): Rechtspopulismus in Deutschland. Eine empirische Einordnung der Parteien zur Bundestagswahl 2013 unter besonderer Berücksichtigung der AfD. In: *Politische Vierteljahresschrift* 57 (2): 247–275.

Lipset, Seymour M. (1959): Some Social Requisites of Democracy, Economic Development and Political Legitimacy. In: *American Political Science Review* 53: 69–105.

Lipset, Seymour M. (1981): *Political Man. The Sozial Bases of Politics*. Baltimore. Johns Hopkins.

Lorenz, Astrid/Anders, Lisa H. (2020): *Illiberal Trends and Anti-EU-Politics in East-Central Europe*. Cham: Palgrave.

Luhmann, Niklas (1984): *Soziale Systeme. Grundriss einer allgemeinen Theorie*. Frankfurt/Main: Suhrkamp.

Mannewitz, Tom (2015): *Politische Kultur und demokratischer Verfassungsstaat. Ein subnationaler Vergleich zwei Jahrzehnte nach der deutschen Vereinigung*. Baden-Baden: Nomos.

Mannewitz, Tom/Ruch, Hermann/Thieme, Tom/Winkelmann, Thorsten (2018): *Was ist politischer Extremismus? Grundlagen – Erscheinungsformen – Interventionsansätze*. Schwalbach: Wochenschau.

Marschall, Stefan (2014): *Demokratie*. Opladen: Barbara Budrich.

Marsh, Alan/Barnes, Samuel H./Kaase, Max (1990): *Political Action in Europe and the USA*. Houndmills u. a.: Palgrave Macmillan.

Memmi, Albert (2000) [Orig. 1982]: *Racism*. Minnesota: University of Minnesota.

Merkel, Wolfgang (2019): *Systemtransformation. Eine Einführung in die Theorie und Empirie der Transformationsforschung*. Wiesbaden: Springer VS.

Merkel, Wolfgang (2017): Kosmopolitismus versus Kommunitarismus: Ein neuer Konflikt in der Demokratie. In: Harfst, Philipp/Kubbe, Ina/Poguntke, Thomas (Hrsg): *Parties, Governments and Elites. The Comparative Study of Democracy*. Wiesbaden: Springer VS: 9–23.

Merkel, Wolfgang/Ritzi, Claudia (Hrsg.) (2017): *Die Legitimität direkter Demokratie. Wie demokratische sind Volksabstimmungen?* Wiesbaden: Springer VS.

Meulenbelt, Anja (1988): *Scheidelinien. Über Sexismus, Rassismus und Klassismus.* Reinbek: Rowohlt.

Milbrath, Lester W. (1972): *Political Participation. How and Why Do People Get Involved in Politics?* Chicago: Rand McNally.

Milbrath, Lester/Goel, Lal (1977): *Political Participation. How and Why Do People Get Involved in Politics?* New York: Rand McNally.

Moffit, Benjamin (2016): *The Global Rise of Populism. Performance, Political Style, and Representation*. Stanford: Stanford University Press.

Minkenberg, Michael (2017): *The Radical Right in Eastern Europe. Democracy under Siege?* New York: Palgrave Macmillan.

Mounk, Yascha (2018): *The People vs. Democracy. Why Our Freedom Is in Danger and How to Save It*. Cambridge: Harvard University Press.

Mudde, Cas (2019): *The Far Right Today*. London: Polity.

Mudde, Cas/Kaltwasser, Christobal Rovira (2017): *Populism. A Very Short Introduction*. Oxford: University Press.

Müller, Jan Werner (2017): *Was ist Populismus? Ein Essay.* Frankfurt/Main: Suhrkamp (5. Aufl.).

Nanz, Patrizia/Fritsche, Miriam (2012): *Handbuch Bürgerbeteiligung. Verfahren und Akteure, Chancen und Grenzen*. Bonn: Bundeszentrale für politische Bildung.

Newton, Kenneth (1999): Social and Political Trust in Established Democracies. In: Norris, Pippa (Hrsg.): *Critical Citizens. Global Support for Democratic Governance*. Oxford: Oxford University Press: 169–187.

Neugebauer, Gero (2001): Extremismus – Rechtsextremismus – Linksextremismus: Einige Anmerkungen zu Begriffen, Forschungskonzepten, Forschungsfragen und Forschungsergebnissen. In: Schubarth, Wilfried/Stöss, Richard (Hrsg.): *Rechtsextremismus in Deutschland. Eine Bilanz*. Opladen: Leske + Budrich: 13–37.

Niedermayer, Oskar (2020): *Die Rolle und Funktionen von Parteien in der deutschen Demokratie*. https://www.bpb.de/politik/grundfragen/parteien-in-deutschland/42035/rolle-und-funktionen [Zugriff 03.05.2022].

Nocun, Katharina/Lamberty, Pia (2021): *Fake Facts. Wie Verschwörungstheorien unser Denken bestimmen*. Köln: Quadriga.

Norris, Pippa/Inglehart, Ronald (2019): *Cultural Backlash. Trump, Brexit, and Authoritarian Populism.* Cambridge: Cambridge University Press.

Norris, Pippa (2011): *Democratic Deficit. Critical Citizens Revisited*. Cambridge: Cambridge University Press.

Norris, Pippa (2002): *Count Every Voice. Democratic Participation Worldwide.* New York: Cambridge University Press.

Norris, Pippa (Hrsg.) (1999): *Critical Citizens. Global Support for Democratic Governance*. Oxford: University Press.

Öztürk, Cemal/Pickel, Gert (2019): Islamophobic Right-Wing Populism? Empirical Insights about Citizens' Suspectibility to Islamophobia and its Impact on

Right-Wing Populists Electoral Success. Eastern Europe in European Comparison. In: *Religion and Society in Central and Eastern Europe* 12 (1): 39–62.

Öztürk, Cemal/Pickel, Gert (2022a): Eine Stimme gegen die Invasion der Muslim*innen? Zur Bedeutung muslim*innenfeindlicher Einstellungen für die Mobilisierungserfolge und den machtpolitischen Aufstieg rechtspopulistischer Parteien in Europa. In: Muno, Wolfgang/Pfeiffer, Christian (Hrsg.): *Populismus an der Macht. Strategien und Folgen populistischen Regierungshandelns*. Wiesbaden: Springer VS: 61–102.

Öztürk, Cemal/Pickel, Gert (2022b): Der Antisemitismus der Anderen. Für eine differenzierte Betrachtung antisemitischer Einstellungen unter Muslim:innen in Deutschland. In: *Zeitschrift für Religion, Gesellschaft und Politik* 6 (2): 1–43.

Pappas, Takis S. (2019): *Populism and Liberal Democracy*. Oxford: Oxford University Press.

Parsons, Talcott (1951): *The Social System*. New York: Free Press.

Pharr, Susan J./Putnam, Robert D. (Hrsg.) (2000): *Disaffected Democracies: What's Troubling the Trilateral Countries*. Princeton: Princeton University Press.

Pickel, Gert (2002): *Jugend und Politikverdrossenheit: Zwei politische Kulturen im Deutschland nach der Vereinigung?* Opladen: Leske + Budrich.

Pickel, Gert (2010): Staat, Bürger und politische Stabilität: Benötigen Autokratien politische Legitimität? In: Albrecht, Holger/Frankenberger, Rolf (Hrsg.): *Autoritarismus Reloaded. Neuere Ansätze und Erkenntnisse der Autokratieforschung*. Baden-Baden: Nomos: 179–200.

Pickel, Gert (2013): Die kulturelle Verankerung von Autokratien – Bestandserhalt durch ideologische Legitimationsstrategien und ökonomische Legitimität oder Demokratisierung? In: Kailitz, Steffen/Köllner, Patrick (Hrsg.): *Autokratien im Vergleich* (Politische Vierteljahresschrift, Sonderheft 47). Baden-Baden: Nomos: 176–204.

Pickel, Gert (2015): Neue Entwicklungen der politischen Kultur. Politische Einstellungen im wiedervereinigten Deutschland: Neue Krisenerscheinungen oder doch alles beim Alten? In: Kneuer, Marianne (Hrsg.): *Standortbestimmung Deutschlands. Innere Verfasstheit und internationale Verantwortung*. Baden-Baden: Nomos: 155–194.

Pickel, Gert (2016): Autokratien und Demokratien in der Vergleichenden Politikwissenschaft. empirische Forschung und Befunde. In: Lauth, Hans-Joachim/Kneuer, Marianne/Pickel, Gert (Hrsg.): *Handbuch Vergleichende Politikwissenschaft*. Wiesbaden: Springer VS: 287–302.

Pickel, Gert (2019): Auf dem Weg in die Postdemokratie? In: Wiesner, Claudia/Harfst, Philipp (Hrsg.): *Legitimität und Legitimation. Vergleichende Perspektiven*. Wiesbaden: Springer VS: 97–138.

Pickel, Gert/Celik, Kazim/Schuler, Julia/Decker, Oliver (2020): Bedrohungsempfinden als Quelle gruppenbezogener Vorurteile durch Religionen in einer heterogenen Stadtgesellschaft. Analysen des Berlinmonitors. In: *Zeitschrift für Religion, Gesellschaft und Politik* 4 (1): 7–43.

Pickel, Gert/Jaeckel, Yvonne/Yendell, Alexander (2015): *Der Deutsche Evangelische Kirchentag – Religiöses Bekenntnis, politische Veranstaltung oder einfach nur ein Event? Eine empirische Studie zum Kirchentagsbesuch in Dresden und Hamburg.* Baden-Baden: Nomos.

Pickel, Gert/Pickel, Susanne (2018): Migration als Gefahr für die politische Kultur? Kollektive Identitäten und Religionszugehörigkeit als Herausforderung demokratischer Gemeinschaften. In: Pickel, Gert/Röder, Antje/Blätte, Andreas (Hrsg.): *Migration und Integration als politische Herausforderung – Vergleichende Analysen zu politisch-kulturellen Voraussetzungen der Migrationspolitik und Reaktionen.* Special Issue: Zeitschrift für Vergleichende Politikwissenschaft 12 (1): 297–320.

Pickel, Gert/Pickel, Susanne (2019): Der »Flüchtling« als Muslim – und unerwünschter Mitbürger? In: Hidalgo, Oliver/Pickel, Gert (Hrsg.): *Flucht und Migration in Europa. Neue Herausforderungen für Parteien, Kirchen und Religionsgemeinschaften.* Wiesbaden: Springer VS: 279–324.

Pickel, Gert/Pickel, Susanne (2021): Gesellschaftlicher Zusammenhalt und die Angst vor seinem Schwund. Analysen zu Existenz, Ursachen und Folgen gesellschaftlichen Zusammenhalts am Beispiel Sachsen. In: Kailitz, Steffen/Pickel, Gert/Genswein, Tobias (Hrsg.): *Sachsen zwischen Integration und Desintegration. Politisch-kulturelle Heimaten.* Springer VS: 111–144.

Pickel, Gert/Pickel, Susanne (2022): *Demokratie.* Stuttgart: Kohlhammer.

Pickel, Gert/Pickel, Susanne/Yendell, Alexander (2020): Zersetzungspotentiale einer demokratischen politischen Kultur. Verschwörungstheorien und erodierender gesellschaftlicher Zusammenhalt. In: Decker, Oliver/Brähler, Elmar (Hrsg.): *Autoritäre Dynamiken. Alte Ressentiments – neue Radikalität.* Gießen: Psychosozial Verlag: 89–118.

Pickel, Gert/Öztürk, Cemal (2020): The Varying Challenge of Islamophobia for the EU: On Anti-Muslim Resentments and Its Dividend for Right-Wing Populist and Eurosceptics – Central and Eastern Europe in a Comparative Perspective. In: Lorenz, Astrid/Anders, Lisa H. (Hrsg.): *Illiberal Trends and Anti-EU*-Politics in East-Central Europe. Cham: Palgrave: 57–80.

Pickel, Gert/Öztürk, Cemal (2022): Die Bedeutung antimuslimischer Ressentiments für die Erfolge des Rechtspopulismus in Europa – Konzeptuelle Überlegungen und empirische Befunde. In: Wohlrab-Sahr, Monika/Teczan, Levent (Hrsg.): *Islam in Europe. Institutionalisierung und Konflikt* (Soziale Welt, Sonderheft 22). Baden-Baden: Nomos: 229–279.

Pickel, Gert/Reimer-Gordinskaya, Katrin/Decker, Oliver (2019): *Der Berlin Monitor 2019. Vernetzte Solidarität – Fragmentierte Demokratie.* Springe: Zu Kampen.

Pickel, Gert/Tzschiesche, Selana/Reimer-Gordinskaya, Katrin (2022): Antisemitismus in Berlin. Verbreitung, Gründe, Erfahrungen, Folgen und Umgangsweisen in der Zivilgesellschaft. In: *Zeitschrift für Religion, Gesellschaft und Politik* 6 (1): 233–273.

Pickel, Gert/Yendell, Alexander (2016): Islam als Bedrohung? Beschreibung und Erklärung von Einstellungen zum Islam im Ländervergleich. In: *Zeitschrift für Vergleichende Politikwissenschaft* 10 (3–4): 273–310.

Pickel, Susanne (2012): Das politische Handeln der Bürgerinnen und Bürger – ein Blick auf die Empirie. In: Weißeno, Georg/Buchstein, Hubertus (Hrsg.): *Politisch Handeln. Modelle, Möglichkeiten, Kompetenzen* (Schriftenreihe der Bundeszentrale für politische Bildung, 1191). Bonn: bpb: 39–57.

Pickel, Susanne (2016): Konzepte und Verständnisse von Demokratie in Ost- und Westeuropa. In: Schubert, Sophia/Weiß, Alexander (Hrsg.): *Demokratie jenseits des Westens* (Politische Vierteljahresschrift, Sonderheft 51). Baden-Baden: Nomos: 318–342.

Pickel, Susanne (2018): *Neue Konflikte – neue gesellschaftliche Koalitionen? Die europäischen Wähler und ihre Parteien – Cleavages in West- und Osteuropa.* https://doi.org/10.17185/duepublico/45520.

Pickel, Susanne (2019): Die Wahl der AfD. Frustration, Deprivation, Angst oder Wertekonflikt? In: Korte, Karl-Rudolf/Schoofs, Jan (Hrsg.): *Die Bundestagswahl 2017.* Wiesbaden: Springer VS: 145–175.

Pickel, Susanne/Pickel, Gert (2006): *Politische Kultur- und Demokratieforschung. Gegenstand, Theorien und Methoden. Eine Einführung.* Wiesbaden: VS Verlag.

Pickel, Susanne/Pickel, Gert (2016): Politische Kultur in der Vergleichenden Politikwissenschaft. In: Lauth, Hans-Joachim/Kneuer, Marianne/Pickel, Gert (Hrsg.): *Handbuch Vergleichende Politikwissenschaft.* Wiesbaden: Springer: 541–556.

Pickel, Susanne/Pickel, Gert (2020): Politische Kultur und gesellschaftliche Integration. Kailitz, Steffen/Asbrock, Frank/Greschke, Heike/Pickel, Gert/Rindermann, Sheryn/Röder, Antje/Schulze-Wessel, Julia (Hrsg.): *Handbuch Integration.* Wiesbaden: Springer VS: 1–15. https://doi.org/10.1007/978-3-658-21570-5_12-1.

Pickel, Susanne/Stark, Toralf (2010): Politische Kultur(en) von Autokratien. In: Albrecht, Holger/Frankenberger, Rolf (Hrsg.): *Autoritarismus Reloaded. Neuere Ansätze und Erkenntnisse der Autokratieforschung.* Baden-Baden: Nomos: 201–226.

Platon (1950): *Res publica. Der Staat. Über das Gerechte.* Eingef. von Gerhard Krüger. Übers. von Rudolf Rufener. Zürich: Artemis.

Pollack, Detlef/Müller, Olaf/Rosta, Gergely/Friedrichs, Nils/Yendell, Alexander (2014): *Grenzen der Toleranz. Wahrnehmung und Akzeptanz religiöser Vielfalt in Europa.* Wiesbaden: Springer VS.

Portes, Alejandro (1998): Social Capital. Its Origins and Applications in Modern Sociology. In: *Annual Review of Sociology* 24: 1–24.

Priester, Karin (2007): *Populismus. Historische und aktuelle Erscheinungsformen.* Frankfurt/Main: Campus.

Priester, Karin (2012): *Rechter und linker Populismus. Annäherung an ein Chamäleon.* Frankfurt/Main: Campus.

Przeworski, Adam (2019): *Crisis of Democracy.* Cambridge: Cambridge University Press.

Putnam, Robert D. (1993): *Making Democracy Work. Civic Traditions in Modern Italy.* Princeton: Princeton University Press.

Putnam, Robert D. (Hrsg.) (2000): *Bowling Alone. The Collapse and Revival of American Community*. New York: Simon & Schuster.

Putnam, Robert/Campbell, David E. (2010): *American Grace. How Religion Divides and Unites Us*. New York: Simon & Schuster.

Rapp, Carolin (2014): *Toleranz gegenüber Immigranten in der Schweiz und in Europa. Empirische Analysen zum Bestand und den Entstehungsbedingungen im Vergleich*. Wiesbaden: Springer VS.

Reckwitz, Andreas (2017): *Die Gesellschaft der Singularitäten. Zum Strukturwandel der Moderne*. Frankfurt/Main: Suhrkamp.

Reiser, Marion (2018): Abgehoben und entkoppelt? Abgeordnete zwischen öffentlicher Kritik und Professionalisierungslogik. In: Brichzin, Jenni (Hrsg.): *Soziologie der Parlamente*. Wiesbaden: Springer VS: 111–134.

Reuchamps, Min/Suiter, Jane (Hrsg.) (2016): *Constitutional Deliberative Democracy in Europe*. Colchester: ECPR Press.

Rohe, Karl (1996): Politische Kultur: Zum Verständnis eines theoretischen Konzeptes. In: Niedermayer, Oscar/Beyme, Klaus von (Hrsg.): *Politische Kultur in Ost- und Westdeutschland*. Opladen: Leske + Budrich: 1–21.

Rokkan, Stein/Lipset, Seymore Martin (Hrsg.) (1967): *Party System and Voter Alignments*. New York: The Free Press.

Rosanvallon, Pierre (2008): *Counter-Democracy. Politics in the Age of Distrust*. Cambridge: Cambridge University Press.

Roßteutscher, Sigrid (2009): *Religion, Zivilgesellschaft, Demokratie*. Baden-Baden: Nomos.

Salzborn, Samuel (2009): *Politische Kultur. Forschungsstand und Forschungsperspektiven*. Frankfurt/Main: Peter Lang.

Salzborn, Samuel (2012): *Demokratie. Theorien, Formen, Entwicklungen*. Baden-Baden: Nomos.

Salzborn, Samuel (2014): *Antisemitismus. Geschichte, Theorie, Empirie*. Baden-Baden: Nomos.

Sanders, Lynn (1997): Against Deliberation. In: *Political Theory* 25 (3): 347–376.

Saward, Michael (2003): *Democracy*. Cambridge: Polity Press.

Schaal, Gary S./Ritzi, Claudia (2009): *Empirische Deliberationsforschung*. MPIfG Working Paper 09. www.mpifg.de/pu/workpap/wp09-9.pdf [Zugriff: 06.05.2022].

Scheler, Max (2017): *Das Ressentiment im Aufbau des Moralen*. Frankfurt/Main: Klostermann

Schönbach, Peter (1961): *Reaktionen auf die antisemitische Welle im Winter 1959/1960*. Frankfurt/Main: Europäische Verlagsanstalt.

Schmidt, Manfred G. (2010): *Demokratietheorien. Eine Einführung*. Opladen: Leske + Budrich (5. Aufl.).

Schmidt, Manfred G. (2019): *Demokratietheorien*. Wiesbaden: Springer VS (6. Aufl.).

Schubert, Sophia/Weiß, Alexander (Hrsg.) (2016): *›Demokratie‹ jenseits des Westens: Theorien, Diskurse, Einstellungen*. Baden-Baden: Nomos.

Schumpeter, Josef A. (1950): *Kapitalismus, Sozialismus und Demokratie*. Tübingen/Basel: Francke (7. Aufl.).

Shin, Doh Chull/Kim, Hannah June (2018): How Global Citizenries Think About Democracy: An Evaluation and Synthesis of Recent Public Opinion Research. In: *Japanese Journal of Political Science* 19 (2): 222–249. https://doi.org/10.1017/S1468109918000063.

Shooman, Yasemin (2014): *»... weil ihre Kultur so ist«. Narrative des antimuslimischen Rassismus*. Bielefeld: Transcript.

Sommer, Jörg (Hrsg.) (2015): *Kursbuch Bürgerbeteiligung*. Berlin: Verlag der Deutschen Umweltstiftung.

Stanley, Dick (2003): What Do We Know About Social Cohesion: The Research Perspective of the Federal Governments's Social Cohesion Research. In: *The Canadian Journal of Sociology* 28 (1): 5–17.

Stark, Toralf (2019): *Demokratische Bürgerbeteiligung außerhalb des Wahllokals. Umbrüche in der politischen Partizipation seit den 1970er Jahren*. Wiesbaden: Springer VS.

Stark, Toralf/Smolka, Theresia Smolka/Pickel, Susanne (2018): Die Legitimität demokratischer Verfassungen – ein Vorschlag zur empirischen Bestimmung. In: Hein, Michael/Petersen, Felix/Steinsdorff, Sylvia von (Hrsg.): *Die Grenzen der Verfassung*. Baden-Baden: Nomos: 185–206.

Steinbrecher, Markus (2009): *Politische Partizipation in Deutschland*. Baden-Baden: Nomos.

Strabac, Zan/Listhaug, Ola (2008): Anti-Muslim Prejudice in Europe. A Multilevel Analysis of Survey Data from 30 Countries. In: *Social Science Research* 37 (1): 268–286.

Strecker, David/Schaal, Gary S. (2009): Die politische Theorie der Deliberation: Jürgen Habermas. In: Brodocz, André/Schaal, Gary S. (Hrsg.): *Politische Theorien der Gegenwart II*. Opladen: Barbara Budrich: 99–148.

Suiter, Jane (2016): When Do Deliberative Citizens Change Their Opinions? Evidence from the Irish Citizens' Assembly. In: *International Political Science Review* 37 (2): 198–212.

Suiter, Jane (2018): Deliberation in Action – Ireland's Abortion Referendum. In: *Political Insight* 9/2018: 30–32.

Taggart, Paul (2000): *Populism*. Buckingham: Open University Press.

Tajfel, Henri/Turner, John (1986): The Social Identity Theory of Intergroup Behavior. In: Worchel, Stephan/Austin, William (Hrsg.): *The Social Psychology of Intergroup Relations*. Chicago: Nelson-Hall: 7–24.

Teocharis, Yannis/Van Deth, Jan (2018): *Political Participation in a Changing World. Conceptual and Empirical Challenges in the Study of Citizen Engagement*. London: Routledge.

Teorell, Jan/Torcal, Mariano/Montero, José Ramón (2007): Political Participation. Mapping the Terrain. In: Van Deth, Jan/Montero, José Ramón/Westholm, Anders (Hrsg.): *Citizenship and Involvement in European Democracies. A Comparative Analysis*. London: Routledge: 334–357.

Tocqueville, Alexis de (1986) [Orig. 1835]: *Über die Demokratie in Amerika*. Ditzingen: Reclam.

Unabhängiger Expertenkreis Antisemitismus (2017): *Antisemitismus in Deutschland – aktuelle Entwicklungen*. Berlin: BMBF.

Van Deth, Jan (2009): Politische Partizipation. In: Kaina, Viktoria/Roemmele, Andrea (Hrsg.): *Politische Soziologie*. Wiesbaden: VS Verlag: 141–161.

Vatter, Adrian/Alpiger, Claudia (2017): Evaluationskriterien zur Bewertung von regionalen Bürgerbeteiligungsverfahren. In: Sommer, Jörg (Hrsg.): *Kursbuch Bürgerbeteiligung #2*. Berlin: Verlag der deutschen Umweltstiftung: 410–422.

Verba, Sidney/Schlozman, Lehman/Brady, Henry (1995): *Voice and Equality. Civic Voluntarism in American Politics*. Harvard: Harvard University Press.

Vetter, Angelika (1997): *Political Efficacy – Reliabilität und Validität. Alte und neue Messmodelle im Vergleich*. Wiesbaden: Deutscher Universitätsverlag.

Virchow, Fabian/Langenbach, Martin/Häussler, Alexander (Hrsg.) (2016): *Handbuch Rechtsextremismus*. Wiesbaden: Springer VS.

Vorländer, Hans (2010): *Demokratie. Geschichte – Formen – Theorien*. München: Beck.

Watanuki, Joji/Crozier, Michel/Huntington, Samuel P. (1975): *The Crisis of Democracy. Report on the Governability of Democracies to the Trilateral Commission*. New York: New York University Press.

Weber, Max (1988): *Gesammelte politische Schriften*. Hrsg. von Johannes Winckelmann. Tübingen: Mohr (5. Aufl.).

Weiß, Alexander (2020): Demokratie – ein hegemonial westlicher Diskurs? Argumente für eine Vergleichende Demokratietheorie. In: Riescher, Gisela/Rosenzweig, Beate/Meine, Anna (Hrsg.): *Einführung in die Politische Theorie. Grundlagen – Methoden – Debatten*. Stuttgart: Kohlhammer: 351–366.

Welzel, Christian (2003): *Fluchtpunkt Humanentwicklung. Über die Grundlagen der Demokratie und die Ursachen ihrer Ausbreitung*. Wiesbaden: Westdeutscher Verlag.

Welzel, Christian (2013): *Freedom Rising. Human Empowerment and the Quest for Emancipation*. New York: Cambridge University Press.

Westle, Bettina (1999): *Kollektive Identität im vereinten Deutschland. Nation und Demokratie in der Wahrnehmung der Deutschen*. Opladen: Leske + Budrich.

Westle, Bettina (2013): Kollektive Identität in Deutschland – Entwicklungen und Zwischenbilanz. In: Keil, Silke/Thaidigsmann, Isabell (Hrsg.): *Zivile Bürgergesellschaft und Demokratie*. Wiesbaden: Springer VS: 273–299.

Westle, Bettina/Gabriel, Oscar (2008): *Sozialkapital. Eine Einführung*. Baden-Baden: Nomos.

Westle, Bettina/Segatti, Paolo (2016): *European Identity in the Context of National Identity. Questions of Identity in Sixteen European Countries in the Wake of the Financial Crisis*. Oxford: Oxford University Press.

Wiarda, Howard J. (2014): *Political Culture, Political Science, and Identity Politics. An Uneasy Alliance*. Farnham: Ashgate.

Wiesner, Claudia/Harfst, Philipp (2020): *Legitimität und Legitimation. Vergleichende Perspektiven*. Wiesbaden: Springer VS.

Wodak, Ruth (2016): *Politik mit der Angst. Zur Wirkung rechtspopulistischer Diskurse*. Wien: Edition Konturen.

Zick, Andreas/Küpper, Beate (2021): *Die Geforderte Mitte. Rechtsextreme und demokratiegefährdende Einstellungen in Deutschland 2020/21*. Bonn: Dietz.